なぜか
お金を引き寄せる人の
「掃除と片づけ」

PHP研究所［編］

PHP

はじめに

あなたは、掃除や片づけが「得意」ですか？　もしくは「好き」ですか？
掃除や片づけは、「苦手」な人や「嫌い」な人にとっては、
「だって、忙しいから」「とくに人を呼ぶ予定もないから」
「散らかっているほうが落ち着くから」など、いろいろな理由で自分を納得させて、
なかなか行動に移せないことの一つかもしれませんね。
でも。「最近、運が悪い気がする」とか「モヤモヤした現状から脱出したい」などと
感じている人は、ぜひ！　家のなかをきれいに掃除してみましょう。
じつは、掃除や片づけをすることには、たくさんのメリットがあるのです。

もちろん、どんな人だって、
ものが溢《あふ》れて足の踏み場もない、ごちゃごちゃした空間よりも、
ゆっくり座ってくつろげる部屋のほうが、居心地がいいはずです。
でももう一つ、掃除や片づけをすることには、大きなメリットがあります。
それは、「運気が上がる」ことです。

掃除や片づけで運気が上がるといわれる理由は、
・部屋を掃除したり片づけたりすることで、頭や心がスッキリするから
・部屋がきれいだと、健康を維持しやすいから
・部屋がきれいだと、ものごとに集中しやすいから

……などが考えられます。
でも、それだけではありません。
掃除や片づけをすることで、きれい好きである「神さま」が、
喜んでお家にやってきてくれたり、
同じように、〝ピカピカなもの〟が大好きな「お金」が
舞い込んできてくれたり、
また、掃除や片づけに取り組むことで、気持ちが前向きになって、
心が元気になれたり。
いいことがたくさんあるのです。

掃除や片づけでこんなにも幸せを手にすることができるのなら、
すぐにしたほうがいいに決まっています。
この本では、掃除や片づけをするだけで、幸せを引き寄せるためのコツやポイントを
たくさんの先生たちにアドバイスしていただきました。

毎日できることから、少しずつでも、1カ所だけでも実践しているうちに、
どんどん部屋がきれいになり、心もきれいになっていきます。
そしていつの間にか、幸運や金運までもが引き寄せられてくるのです。

「ホントなの？」そう思うかもしれませんが、本当なのです。
掃除や片づけのすごいパワーを、ぜひ実感してみてください！

なぜかお金を引き寄せる人の「掃除と片づけ」

Contents

Special Interview

いい気分で掃除すれば、お金は引き寄せられる

「金運をよくしたければ掃除」とよくいわれますが、これは本当のこと。
掃除&片づけとお金の本当の関係を、
人気メンタルコーチ・ワタナベ薫さんに教えていただきました！
さらにはワタナベさんご本人のお部屋も大公開！

マメなトイレ掃除でいい「気」がめぐる家になる

「金運を上げたいなら、マメにトイレ掃除をしなさい」

風水の先生や、お金持ちの社長さんは、かならずといっていいほどそう言いますよね。

事実、ある調査によると、「家のトイレがきれいな人」の年収の平均は「きれいでない人」のそれより、90万円も多かったのだとか。やはり、**トイレと金運には、関係があるのです。**

そもそも運気を上げるにはきれいな環境が必要なのですが、トイレというのは当然ながら汚れやすく、汚れがたまりやすい場所。そのぶん、「陰の気」がこもりやすくなります。**家のなかに「陰の気」が滞《とどこお》る場所があると、「いい気」のめぐりが邪魔されてしまいます**から、トイレは掃除を徹底的にして、いつもきれいにしておくことが大事なのです。

また、トイレだけでなく、たとえば、浴室やキッチンのシンクなども、水の流れが滞らないよう、マメなお掃除を心がけたいもの。

掃除の後には、パイプをお塩で清めるのがおすすめ。「滞り」がスッキリするので、家全体の気の流れがよくなります。

「もたない暮らし」で金運が上がる理由とは？

気の流れをよくするという意味で、手っ取り早いのは、部屋をきちんと片づけること。

ご存じのかたも多いと思いますが、**物質一つ一つには、固有の波動があります**。つまり、ものがたくさんある部屋のなかは、さまざまな波動にさらされるということ。スッキリと片づけられた部屋が気持ちいいのは、物質同士の波動が干渉し合わないからです。

余計な波動にさらされなければ、スムーズに「気」がめぐるので、お金のめぐりもよくなります。逆にさまざまな波動の影響でうま

Watanabe Kaoru

ワタナベ薫

メンタルコーチ。20代は月10万円の極貧生活。2006年から始めたブログで一躍人気ブロガーになり、現在では三つの会社を経営する実業家。近著に『ワタナベ薫 お金の格言』（大和出版）がある。オフィシャルブログ「美人になる方法」https://ameblo.jp/wjproducts1/

く「気」が回らない部屋で過ごしていると、お金もめぐらなくなってしまうのです。

ものにはまた、エネルギーもあります。ですからものをたくさんもっていると、それに等しいエネルギーを使うことになるのです。これは私の失敗談からも学んだことです。

あるとき思い立って、床に敷くラグを買ってしまったのですが、このラグを管理するエネルギーといったらそれはもう、相当なもの。

ただの床ならモップでさっと拭《ふ》けば終わりなのに、ラグは掃除機を準備してホコリを吸い取らなくてはいけないし、汚れたら洗わなくてはいけない。洗えば乾かさなくてはいけないし、乾かした後は毛足を整えなくてはいけません。部屋にラグが1枚増えただけで、どれだけのエネルギーを吸い取られたことでしょう！

自分が管理できるエネルギーの総量を超えてものをもつと、掃除も片づけもおっくうになり、気持ちも運気も重くなります。文字どおり「気が重い」状況に陥り、お金のめぐりも悪くなります。

つまり、気が十分にめぐる、キレイで片づいた部屋で過ごすためには、**極力ものをもたないほうがいい**のです。

編集協力：熊本りか　写真：鶴田孝介

きれいな部屋で過ごすという「快」に浸《ひた》ること

とはいえ、「もたない暮らし」をすぐに実現するのはなかなか難しいかもしれません。そういうかたは、まず、**家のなかで自分や家族が一番長く過ごす場所からものを減らし、スッキリ片づける**ようにするといいと思います。

部屋全体を一度に片づけられないときは、部屋をいくつかのパーツに分けるといいでしょう。リビングなら、テーブルの上、床、ソファーの上、カウンターの上、というように。そして、この部分を片づけたら一番スッキリ見える、気持ちがいいというパーツを決めたら、まずはそこを片づけます。これを数回くり返せば、本当に気持ちのいい、スムーズに気が流れる部屋になるはずです。

大事なことは、**きれいな場所で過ごす気持ちよさをしっかりと味わうこと**。その「快」に浸ることで、きれいな場所をもっと広げていきたくなるのです。

また、人というのはきれいなところはきれいにキープしようという意識が働くので、一度きれいにしてしまえば、家族の協力も得られやすいもの。そういう意味でも、せめて、自分や家族の目につきやすいところは、いつもきれいにしておきたいものです。

どうしても片づけられないという人は、きれいな場所で過ごす気持ちよさを味わったことがないのが理由なのかもしれません。そういうかたは、最初の片づけにかなりのエネルギーを要するので、**思い切ってプロの手を借りるのも一つの方法です**。それはけっして、ムダ遣いではなく、その後の人生を変えるための、価値ある自己投資だと思いますよ。

まずは一番長く
過ごす場所を片づけて
気持ちよさをしっかり味わおう！

送り出さない限りお金は入ってこない

「気の流れがよくなると、お金の流れがよくなりますよ」とお話すると、「いえいえ、私はお金をためたいんです」と言う人がいらっしゃいます。

でもじつは、その発想こそが、お金を遠ざけていることに気づいているでしょうか。

お金はたくさんもてばいいのではなくて、大事なのは、どれだけ多く循環させるか、ということ。自分のところにため込もう、ため込もうとする行為は、お金の流れを止めてしまうので、逆にいえば、入ってくるはずのお

金も入ってこない、ということになります。

お金というのは、ためる量を増やすことを考えるよりも、流れる量を増やすことに注目するほうが結果的には増えていきます。

お金がほしい！　という人は、遣わずにためることばかりを考えがちですが、お金というのは送り出すほうが入ってきやすいのです。

「出すから入る」のは自然の摂理。呼吸だってそう。吸ってから吐くのではなく、吐き切って吸うからこそ、出し切った息よりも大きなエネルギーに溢《あふ》れた空気で体は満たされるのです。

実際に試してみてください。吸った息を止めていると、それ以上息は吸えませんよね。お金も流れもそれと同じ。自分のところで止めてしまえば、それ以上、自分のところに流れてこないのです。

そのためにもお金は快く送り出すこと。間違っても、ネガティブな気持ちで、送り出してはいけません。

お店で何か買いものをしたときは、それが自分の喜びになるだけでなく、そこの店員さんのお給料になり、それをつくった人や、配送してくれた人など、自分の手に届くまでに関《かか》わった人すべての喜びにもつながっているというストーリーを想像しましょう。そんな想像力を働かせれば、募金や寄付も当たり前だと思えるようになるのではないでしょうか。

そんなふうに、**入ってくるときよりも出すときのほうが喜びであると認識する**と、本当にお金の流れががらりと変わります。プラスの感情をのせて、お金を出していれば、自分のところにもたくさんめぐってくるようになる——。

それがお金の法則なのです。

お金がほしい！ その本当の理由は……？

「金運がよくなると聞いて、家中せっせと掃除しているのに全然お金が入ってきません」と言うかたが時々いるのですが、そういう人の金運が上がらない理由は明白です。

それは、「お金がほしい、ほしい、ほしい！」と、**お金に執着しているせい**。

お金に執着する人というのは、潜在意識に「私にはお金がない」「自分は豊かではない」ということを強く刷り込んでいます。だから、そのセルフイメージにどんどん近づいてしまうのです。なんとも皮肉なことですが、「**お金！　お金！」と強く願うことで、「お金が

ない」状況をどんどん引き寄せている**といってもいいでしょう。

じゃあ、なぜ掃除や片づけが大事なのかというと、それは「気分がいいから」です。

気分よく、プラスの気持ちをもって過ごしていれば、気持ちはどんどん上向きになって、よいことをどんどん引き寄せます。そのなかには確かに、金運も含まれています。

でも人が本当にほしいものって、いったい何なのでしょうか。

「お金がほしい、ほしい」という人に「なぜお金がほしいのですか？」と尋ねると、多くの人は「ほしいものが買えるから」と答えます。「なぜほしいものが買いたいの？」と聞くと、答えは決まってこうです。

「だって好きなものが手に入ると、気分がいいから」

そう、**私たちは結局のところ、「いい気分」になりたいのです**。だったら、お金がまだ入ってこなくても、その気分だけ先取りすればいいということ。そうすることで、お金が入ったときのいい気分を引き寄せることができる、つまり、結果的に金運も上がる、というわけなのです。

その**いい気分を先取りする方法の一つが、**

きちんと片づいた部屋で過ごすこと。これが、片づけが金運アップをもたらす、本当の理由なのです。

恐れや不安はNG。今あるものに感謝を

もしも、金運が上がらない理由がほかにもあるとしたら、それは**お金に対する恐れや不安をもっているから**。

テレビのニュースなどを見て、「老後のお金が心配だ」と思っている人は多いかもしれませんが、それが潜在意識にインプットされると、その不安な状態を引き寄せてしまいます。

もちろん、ある程度の収支管理はした上で、基本的には「なんとかなる！」の精神で必要以上の不安や恐れを抱かない。これはとても大事なことです。

「お金がない」ことにフォーカスしているうちは、恐れや不安は払拭《ふっしょく》できません。「好きな仕事ができている」「大切な家族と一緒に過ごせる」「毎月、旦那さんのお給料がきちんと振り込まれる」「毎日おいしいご飯が食べられる」……そんな**今の「ある」にもっと目を向けるようにしてみましょう。**「今自分にあること」に感謝できるようになると、お金がたくさんあろうがなかろうが、心が豊かになります。そして気づけば、お金に対する不安や恐れはなくなっていきます。

「ある」は「ある」を、「感謝」は「感謝」をさらに引き寄せるのが法則ですから、不思議なくらい経済的な豊かさもめぐってきます。

「不満」は「不満」を引き寄せます。お給料の額に文句を言ったり、ため息をついたりするような行為をくり返していれば、現実化するのは同じ状況です。お金を運んできてくれる人、もたらしてくれる人に、**感謝の念がもてない人に、けっしてお金はめぐってきません。**

成功する人だけが知っている
本当の「引き寄せの法則」

著者：ワタナベ薫
出版社：扶桑社／定価：1,400円（税別）

お金、美、人間関係、恋人・結婚、成功……、全部ほしい！そんな人に知っておいてほしいのが「引き寄せの法則」。でも、聞きかじりで「引き寄せの法則」を実践してみて、「全然叶わない！もう信じない！」という状態に陥ってしまう場合も多いもの。そんな人たちに贈る、実践的なアドバイスが詰まった1冊です。

ポイント

余計なものがあると
エネルギーがめぐらない
お金はたくさんもつより
循環させることが重要
お金への執着は
かえって金運を遠ざける

自分らしく生きると、人生も片づけも動き出す

人は、いいかげんに生きるくらいがちょうどいいんです。
まず、本当にやりたいことをやる。そして、心にたまったモヤモヤを片づける。
すると部屋が片づき、お金も回り出し、人生がガラリと好転し始めます。

Kokoroya Jinnosuke
心屋仁之助

兵庫県生まれ。心理カウンセラー。大手企業の管理職だったが、家族の問題を機に心理療法を学ぶ。その後、自分の性格を変えることで問題を解決する「性格リフォーム心理カウンセラー」となり、現在はセミナーやカウンセリングスクールも運営する。著書累計は300万部を突破し、多くの人から支持されている。オフィシャルブログ「心が風に、なる」
https://ameblo.jp/kokoro-ya/

やりたいことをやると幸せもお金も回る

世のなかには、ついがんばりすぎてしまう人や、優しすぎる人、正義感にあふれる人といった、いわゆる「できる人」がたくさんいます。でも、そんな自分が「何となく疲れる、しんどい」と感じている人もけっこう多いはず。そんな人にこそ、ぜひおすすめしたいのが、**人生をもっと「いいかげんに生きる」こと**です。

できる人たちは、自分よりも「他人」に重きを置いています。人からの評価や世間の目を気にして行動したり、優しさゆえに「他人の思い」のほうを大事にしたり。もちろん、ルールやマナーを守ることも大切。でも、そんなに気をつかっていても、仕事や家庭がどこかうまくいっていないと感じているのなら、「○○すべき」や「がんばる」をやめて、**自分の「心地よい」「好き」「やりたいこと」を優先する、わがままな人生にシフトしてほしいんです。**自分が「こうあるべき」と思うことをするより、本当に好きなことを大事にして生きるほうが、よっぽど楽しくて心もきれいでいられます。

それは、とても勇気のいることです。そんなことをしたら、人に嫌われたり、失敗するかもしれないから。でも、自分に素直になることで初めて、「自分はどうしたら心地よいか」「本当は何をしたいのか」といった、**自分の本心が見えてきます。**

「いいかげんに生きる」ことは、本当の自分を取り戻すことにつながります。自分の本

心がわかると、幸せもお金もうまく回り出し、**人生が劇的に変わります**。何か問題が起きたとき、「大変だ！　こうしなきゃ」と思ってがんばるより、「あ、簡単じゃん。これでいっか」と軽く捉《とら》えたほうが、適切な答えが見えたりするものです。

あなたのすばらしさは何も変わらない

一般的には、「いいかげん＝悪い」と思われがちです。でも、そうは思っていない人もいます。自分は「時間に遅れるのは悪いこと」と思って5分前に集合場所に行っても、平気で遅れてくる人がいたり、自分は「お金にルーズなのは悪いこと」と思っていても、平気で「お金ないからおごってくれる？」といえる人もいるのです。でも、そんなふうに行動していても、その人はその人の人生のなかで、何も困りません。「いいかげんなこと」は、ただ自分が勝手に「悪いような感じがする」と思っているからやらないだけで、**じつは何も悪いことではない**のです。

こうした「罪悪感」をもっている人は、自分が我慢していることを自由にやっている人が許せません。遅刻が許せない人は、「遅刻するなんてひどい」と思うその奥に、「私は待たせてもいい程度の存在?」という思いがあります。そして、もっと奥深くには「私は価値のない人間と思われている」と感じているから怒るんです。でも、それは大きな勘違いです。

この世には価値のない人なんて、誰ひとりいません。だから、他人の評価を気にしなくてもいいし、失敗しても結果が出せなかったとしても、お金や愛情をたくさんもらっていいんです。自分のやりたいことをやって、「すべてを受け取っていいんだ」と自分に許可してあげてください。

ときめきを基準に心と部屋を片づける

自分らしく生きるために、参考になった本があります。『人生がときめく片づけの魔法』(近藤麻理恵著、サンマーク出版)という本です。シンプルに「ときめくものだけを残し、ときめかないものは捨てましょう」という内容ですが、これは片づけだけでなく、人生にも当てはまると思います。人生の分岐点など、**何かを選ぶときには、〝ときめくかどうか〟で判断**すればいいのです。

「片づけられる!」「自分にもできる!」そう思うことが大切

以前は、あまりときめかない誘いがあると、「先約があって」などと嘘をついて断っていましたが、今は「ちょっとやめとく」と断るようにしています。イヤな奴と思われたくなくて、嘘をいい続けていると、心がにごっていくような気がしたんです。

ときめくものだけを選び、自分らしく生きていると、ものごとがうまく流れるようになります。「心地よいもの」が入ってきて、「不要なもの」は出ていくのです。これは、「片づけ」という作業にも、同じことがいえます。ただし、部屋を片づける前に、まず**自身の「感情」を整理**しましょう。ものが捨てられないのは、「過去に必要だったもの」だったり、「いつかつかうかも」と考えてしまうから。これは、過去の呪縛《じゅばく》や将来への不安と怖《おそ》れの表れなのです。

今の自分に必要なければ手放し、今ときめくものだけを残す。そうすれば、過去や未来でなく、「今の自分」を大切にできるようになるでしょう。

片づけは能力ではない。心の掃除が必要なだけ

「片づけたいのに片づけられない」「きれい

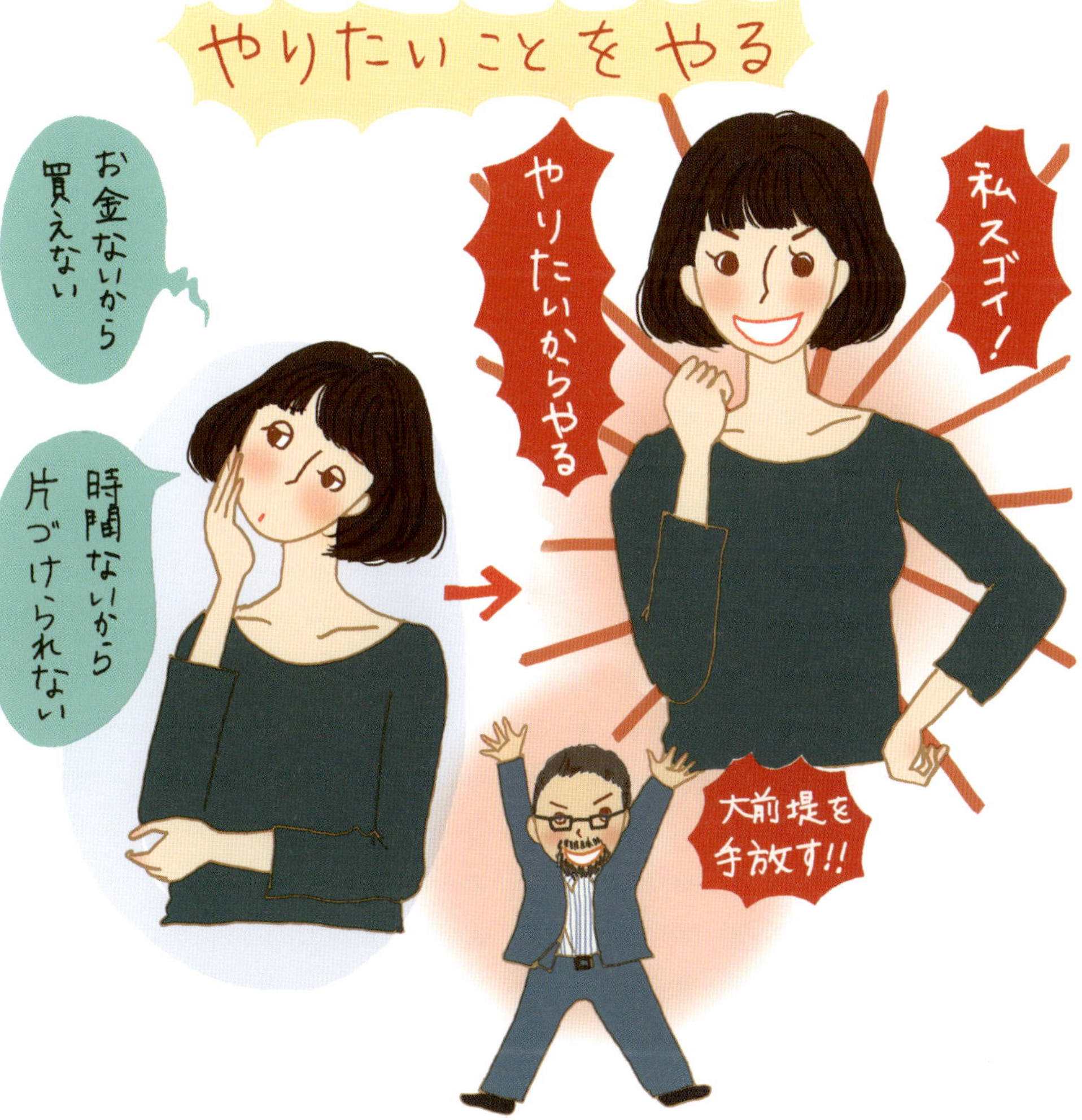

な部屋で暮らしたいのにできない」。そんな人は心に原因があるのかもしれません。**なぜ片づけられないのか、きちんと自分と向き合って**みましょう。もしかしたら心のどこかで「汚い空間が私にふさわしいから」「どうせすぐに散らかるから」と思っているのかもしれません。

もし、自分にとっての考えの基本、〝大前提〟が、「私はダメだ」になっているなら、人生がうまくいくはずありません。「片づけられる！　自分にもできる！」「きれいな部屋で暮らしてもいいんだよ」と、自分にいってあげましょう。

そして、自分で勝手に「きれいな部屋で暮らす！」と決めてしまうのです。すると、自然に体が動いて、〝何か知らんけど〟部屋がきれいになります。**片づけは「能力」の問題ではなく、「心」の問題**です。「自分はダメだ」という思いを片づけて手放すと部屋が片づきます。片づいた部屋は運気が上がり、そして、お金も入ってくるようになるものです。

「きれいなお風呂に入りたいけど、掃除はイヤ」とやらずにいると、永遠にきれいなお風呂は手にできませんよね。お風呂を自分の求める空間にするには、自分でやるか、業者に頼むなどして、掃除するしかありません。

「やりたいことをやる」といいましたが、その**「やりたいこと」を手に入れるための大きなカギは、じつは「やりたくなかったことをやる」**ことだったりします。

自分を許し掃除すると すべてがうまく回り出す

「お金がない」と悩んでいる人にとっても、心の片づけは大切です。たとえば、お金を入れるためのお財布のなかがレシートやゴミでいっぱいだったら、お金が入ってこないです

あなたが「幸せになる」ことは すでに決まっています！

よね。これと同じように、**心のなかが怒りや悲しみ、不安といった心のモヤモヤでいっぱいだとしたら、がんばってもがんばっても、お金が入る余裕がありません。**そしてお金を得たとしても、やっぱり「お金がない」と不安になり、ふたたび怒ったり、悲しんだり。これをくり返しているだけなのです。

感情をまき散らしたり、気づかないふりをしても、心のゴミはたまったまま。本当は悲しいのに、「大丈夫」などと自分をごまかしていても、お金は入りません。ちゃんと自分の感情に向き合い、受け取り、感じきること。どんな感情を抱いたとしても、それは自分自身であり、**「そのままですばらしい」**のです。ダメな自分を許して心の掃除をすると、部屋が片づき、なぜかお金が入り、仕事も入り、すべてがうまく回り出します。

この「回る」という感覚は、とても大切です。「お金持ちになるため、お金はできるだけ使わない」となりがちですが、そうではありません。お金は、使うほどに増え、自分の手元から世間に回せば、さらに大きくなって返ってきます。さらに、「お金だけ受け取ろう」としてもお金はやってきません。いいこともイヤなことも、自分

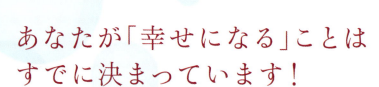

のいいところも悪いところも、全部受け取る覚悟のある人のところに、お金もやってきます。つまり、**心の片づけをしながら、自分らしく生きると決めた人に、幸運も金運も回ってくる**のです。

ダメさもすばらしさも自分のすべてを楽しむ

でも、やりたいことをやったからといって、かならずしも報われるわけではありません。びっくりするぐらいダメなときもあるでしょう。そんなときはぜひ、**ダメな自分をおもしろがって**ください。そして、びっくりするくらいうまくいったら、それもいっぱい楽しんでください。「私スゴイ」、「オレ天才！」ってめちゃめちゃほめてあげましょう。

どんなできごとも「おもしろがる」と心にとどめておくと、なんとなく心が軽くなってきます。

人生はいろんなことが起こります。いいかげんに自分らしく生きようと決めても、うまくいかないときもあります。でも今、どんなに苦しんで悩んでいても、**「あなたの人生は幸せになる」ことは、すでに決まっている**ことです。

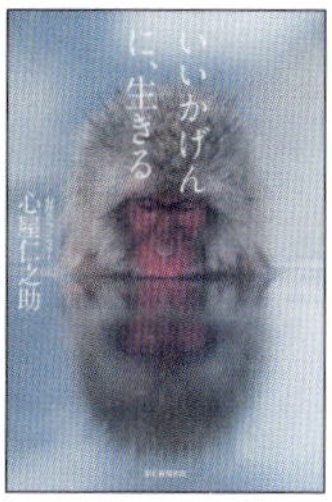

いいかげんに、生きる

著者：心屋仁之助
出版社：朝日新聞出版／定価：1,300円（税別）
読むと、誰もが気持ちが楽になる本。なぜ、ちゃんとするより、かなり適当なくらいが人生うまくいくのかもわかりやすく紹介している。心癒される写真と、いいかげんになる「ひとこと」を見ると、心がほっこりする。つらくなったときに何度でも読みたくなる。フォトメッセージ付き。

だから、そんなに自分だけががんばらなくてもいいし、落ち込む必要もありません。自力でなんとかしようとしても何も変わらなくて、どうしようもないときは、「他力」という大きな力に身をゆだねましょう。回りの人に甘えて、全部任せたっていい。人にゆだねてから、後のことを考えればいいのです。

他人の評価や損得が気になるのは自然なこと。でも、**自分が今本当にやりたいことをやっていると、人生がうまく回り出します。**そうして心を掃除することと同じように、部屋を片づけていくと、心も空間もスッキリしてすべてうまくいくようになり、お金も回ってきます。世のなかは、そんなふうにできているのです。

ポイント

- やりたいこと、好きなことをやるだけで、人生が大きく変わり出す
- 未来の不安より「今の自分」を大事にすると、心と部屋が片づく
- 心と部屋を片づけ、自分らしく生きていれば、お金も回っていく

Interview

まずは1カ所の掃除で、お金も幸運も手に入る

何もやる気が出ない日は、いいことが起こる日に向けての準備期間！掃除・片づけをする絶好のチャンスです。まずは、1カ所だけでもきれいにすると、「つながりの法則」が働いて、次々幸運がやってきます！

Tamiya Youko

田宮陽子

雑誌・書籍の編集者時代、1,000人を超える「成功者」を取材。その後、斎藤一人氏の本の編集協力を経て独立。アメーバ人気ブログランキング「占い・スピリチュアル部門」で1位獲得。著書に『お金と人に愛される「つやの法則」』『お金と人に愛される「開運言葉」』（ともにPHP研究所）など。公式ブログ「晴れになっても雨になっても光あふれる女性でいよう！」https://ameblo.jp/tsumakiyoko/

魂の浄化の最終段階にお金の問題はやってくる

一生懸命働いていても、「お金の問題」が突然起こることがありますよね。

たとえば、「リストラにあった」「家族の病気でお金が必要になった」など。こういったお金の問題が起きる原因には、二つのパターンがあります。

一つは、お金の悪口をいったり、お金に嫌われる行動をしたり、パーッと臨時収入をムダづかいしてしまったり、「死に金」が多かったりという場合に起きる、**「お金の指導」**です。

「死に金」とは、「何でこんなものを買ってしまったのかしら」という使い方をしたお金や、全然使わないお金のこと。反対に「よかったな」と思える使い方をしたお金が「生き金」です。

しかし、お金の悪口もいわないし、「生き金」を使っているのに問題が起きることがあります。これがもう一つのパターンで、**「魂の浄化の最終段階に起こること」**。**その人が一つ上のステージに上がるときに起きるのです。**

昔、ライターや編集者をしていた頃、私にも深刻なお金の問題が起こりました。そのとき、「あ、私、一つ上のステージに上がるときなんだ！」と気づき、エッセイストになって独立したのです。

もしお金の流れがうまくめぐっていたら、仕事をそのまま続けていたでしょうね。お金の問題が起きたのは絶対何か意味がある、と思い当たり、「ああ、もうそちらに行くときなんだな」とエッセイストになりました。そ

うしたら、お金の流れが本当によくなったんです！

人は、仕事でも人間付き合いでも「もう絶対にイヤだ」と思わないとやめません。でも宇宙の法則を考えると、**宇宙はがんばっている人には絶対に変なことをしません。**そんなに苦しませるはずがないのに、それでも苦しんでいるとしたら、それは**「そろそろ卒業するときだよ」という宇宙からのお知らせ**なんです。

「晴れの日」のために「雨の日」に掃除する

運の流れには、実際にものごとをどんどん進める時期と内側を整える時期があります。

新しいことにチャレンジしようという気になったり、新しい人にたくさん出会う時期。それが、**実際にものごとをどんどん進める時期、「晴れの日」**です。

反対に、なんとなく「今は家のなかにいたほうがいい」と思う日がありますよね。そういう日は、部屋を片づけたり、読書をして知識を蓄えたり、いっぱい寝たりして、「エネルギーの充電期間」にあてることをおすすめします。**これが内側を整える時期、すなわち**

「雨の日」です。

「晴れの日」になったときにより運勢をよくするためには、「雨の日」の過ごしかたが大切。たとえば「晴れの日」には、人に会いに行くためにこざっぱりとした格好をしたいですよね。だから「雨の日」には、洋服にアイロンをかけるなど、「晴れの日」のための準備をしておくんです。

「雨の日」に準備をしておかないと、「晴れの日」に人と会ってもチャンスを逃すことになります。ですから、自分の運気が停滞していると思ったら、とことん片づけや整理に時間を使ってしまいましょう。

運をよくするためには「晴れの日」も「雨の日」もどちらも必要。「雨の日」はいつかかならず「晴れの日」に変わりますよ。

住んでいるところをほめる「国ほめ」で運気アップ

住んでいる地域をほめることを「国ほめ」といいます。住んでいる街、近所、家に感謝をすることです。

私は今、鎌倉に住んでいます。ずっと住みたかったのですが、なかなかいい物件がなかったのです。それでも住みたいといい続けていたら、あるとき、「住んでいるところがヤキモチを焼いていますよ」という助言をもらいました。

そこで、私は当時住んでいた場所の「国ほめ」を始めました。そうしたら、突然、鎌倉に物件が見つかったんです。その国の神さまが、「そんなにほめてくれたなら、ここは卒業でいいですよ」といってくれた気がします。

この法則を知らないから、つい住んでいる場所の不満をいっちゃう。でも、それでは願いは叶《かな》わないし、国の神さまが悲しみます。「住まわせているのに、なんでこんなに悪口をいわれなくちゃいけないんだ！」って。

家や家具、小物も同じです。**何かを磨くのは、「国ほめ」と同等の行為です。**たとえば、汚れている鏡を磨くのは、小さい子をほめるときに頭をなでるのと同じことなのです。

逆に、乱暴に掃《は》いたり、ビショビショの雑《ぞう》巾《きん》で拭《ふ》いたりすると、家や家具は悲しみます。**自分の愛《いと》しいものに触るように掃除をしましょう。**固く絞《しぼ》った雑巾にアロマの香りを染み込ませて拭くと、自分の気分がよくなるだけでなく、家もさっぱりして喜びますよ。

ものにも命や感情があります。ですから、**ものに当たる人はすぐにお金が逃げていく。**

ものにも命や感情がある 小さい子のようにかわいがろう！

ものを乱暴に扱う
↓
お金にも伝わる
↓
お金が逃げる!

お金には当たっていないじゃないか、と思うかもしれませんが、もの同士にしか通じない言葉というのがあるんです。だから、たとえば、椅子《いす》を蹴《け》飛《と》ばしたりすると、椅子はお金にそのことを伝えるので、お金がいなくなるのです。

私は今まで成功者に数多く取材してきましたが、みなさんものを丁寧《ていねい》に扱っていました。たとえば、上着を地面に落としたら、「ごめんね」といいながら拾ったりしていたのです。

掃除をするときも感謝を込めて、大切な人に接するように丁寧にしてあげてください。

7割きれいにできれば掃除は成功と思うこと

どんなにすごい人でも100パーセントうまくいくことはありません。**「7、8割うまくいけば大成功!」といっている人のほうが成功するもの。**「まだ2、3割うまくいっていないから……」と自分を責めると、かえって運気を落としてしまいますよ。

成功者たちは、この「78パーセントの法則」を知っていますし、自分を責めると運気を落とすことも知っているのです。どんな物事も「78パーセントうまくいけば最高!」と考え

78パーセントで大成功！ 自分のミスを責めないで……

てみましょう。自分のミスを責めないことが運気を落とさないコツです。

たまに、なぜあの人が成功しているんだろうという声を聞きますが、そういう人は自己肯定感が高いのです。「結局、私は運がいい」と思えるのが自己肯定感です。さほど実力がなくても自己肯定感が高い人は、みるみる成功していきます。お金の問題が起きても、「私は結局、運がいいから、これは何かいいことが起きるきっかけなんだ」というふうに考えられるのです。

掃除でも、完璧にできなかったからと自分を責めず、7割ぐらいはきれいになったから成功だと思いましょう。

掃除が苦手な人は、いっぺんに汚れを落とそうとするそうです。だけど、長年こびりついた汚れはなかなか落とせません。だから、**7、8割きれいになったらよしとして**、残った汚れは少しずつ落としていく。それが掃除のじょうずな人のやりかたです。

「つながりの法則」を成功者は知っている

きれいになったところからは「きれいの波動」が出ます。その波動を受けると、ほかの場所も片づけたい！　という気持ちがわいてきます。だから、**まずは1カ所だけきれいにすればいいんです。**

なかでも、水道の蛇口《じゃぐち》なら、簡単に磨けるからおすすめ。いつも目にとまる蛇口をピカピカに磨くと、「きれいの波動」が出るので手を洗うたびに気持ちよく感じられ、ほかの場所も磨きたくなってくるのです。最初に難しい換気扇からやると、「掃除って大変」ってなりますよね。

それに、1カ所をきれいにすることで、**「つながりの法則」**が働いて運気が上がります。「つながりの法則」とは、**「自分の一部がよくなると、ほかの部分もよくなっていく」**こと。

掃除をしたり、断捨離をしたりすると、突然運気が上がるというのは有名な話ですよね。一見関係ないように思えるけれど、自分の一部の流れがよくなるとほかの部分の流れもひっぱられるので、全体的に運がよくなるのです。

ボーリングの「ヘッドピン」をうまく倒せば、ストライクが出ますよね。それと同じ。運というのは全部つながっていますから、金運がよくなると人間関係運や恋愛運もよくなりますよ。蛇口を磨くという簡単な行為が、

「つながりの法則」の「ヘッドピン」になるのです。

運のいい人というのは、この「つながりの法則」のパワーを知っています。

「つながりの法則」の「ヘッドピン」となるようなことを見つけ、まずはそこから始めましょう。

運気を下げる波動を出す使っていないものは捨てる

値段に関係なく、好きな服ってありますよね。それは運気を上げてくれる服です。逆に、あまり着ない服や手が伸びない服というのは、自分でも似合わないと思っている服。そういう服は処分したほうがいいですよ。

というのも、**使わないものからは「ムダな波動」が出ている**のです。「ムダな波動」が室内に充満してしまうと、住民はますますムダ遣いをしてしまう。だから、使わないもの、とくに洋服は人にあげるか、処分してしまったほうがいいんです。

捨てる場合には、**洋服に感謝しつつ、布や紙にくるむか、色のついたビニール袋に入れて、それをさらに透明なビニール袋に入れてから旅立たせましょう。**肌に触れていた服や靴は霊格が高いので、自分が捨てられるところを見られることをとても嫌がるんです。

お金の流れが悪い人ほどものをため込む傾向にあり、お金持ちの家ほどすっきりしている傾向にあるものです。この世のなかはすべて「波動」です。使っていないものからは「ムダな波動」が出て運気を下げるし、喜んで使うと生き生きとした「波動」が出て私たちにパワーをくれます。

宇宙は絶対にあなたに変なことはしないし、応援しようとしてくれています。あなたが、この本を手に取ったのは、**あなたの魂が知りたがっているからです。**この本が「ヘッドピン」になって、運気を上げることができることを願っています。

ポイント

- 完璧に掃除できなくても自分のことを責めないことが大事
- 成功者は大切な人に接するように丁寧にものを扱っている
- 1カ所を磨くことから始めると次々にいいことが起きる

あなたの運は絶対! よくなる

著者：田宮陽子
出版社：PHP 研究所／定価：1,000 円（税別）
ちょっとしたコツでがんばらずに幸運を引き寄せる 39 の方法を紹介。「『キラキラしたもの』を身に着けて運を呼び込む」「いい運気を呼び込むための『服』との付き合いかた」など、誰でも楽しく簡単にできる方法が満載。飾るだけで運がよくなる「光の写真」付き。

神社仏閣で高波動を浴びて、運気が上がる家にする

「気」が滞《とどこお》る家は運気が下がることが知られています。
風通しをよくし、こまめに掃除をして
「魔」が寄りつかない家にします。
波動の高い居心地のよい空間をつくると
神さまのご加護がもらいやすくなって幸せになれます。

to be Rich

掃除をすることは「場」を清める意味がある

掃除は、おっくうだと思われる人が多いのではないでしょうか。掃除機をかける、ホコリをはらう、拭《ふ》き掃除をする……と考えただけで、あ〜、イヤだイヤだ、面倒くさい、となってしまう人がおられることと思います。

家のなかのゴミ・汚れを取る、掃除をただそれだけの行為と考えると私も同じ気持ちになります。この考えでいくとゴミを取るのは今日でなくてもいいわけですから、面倒くさい、先に延ばしたい、となりますし、ゴミがあっても平気だという人は毎日掃除をしなくてもいいんじゃない？　と思うわけです。

神社仏閣では毎朝、境内を掃除しています。参拝者に気持ちよくお参りをしてもらうため、という理由もあるかと思いますが、境内を清める、という意味もあります。

掃除は、ゴミをあっちからこっちへ、たとえば床にあるゴミをゴミ箱のなかに移動するという単純なものではありません。**掃除をすることはその「場」を清めます**。空間を清めるのです。神社仏閣でたとえると、「場」が浄化されれば**神さまの「気」、仏さまの「気」が流れやすくなります**。境内は気持ちのよい、高波動の「気」であふれ、その爽《さわ》やかな「気」がぐるぐると循環するようになります。そのようなことを可能にするのが掃除なのです。その小さな神社やお寺に行くと、境内にホウキが置かれていることがあります。そのような場合、5分でも10分でも掃除をするといいです。神さまも仏さまも喜ばれますし、それは**霊格アップの修行**にもなるからです。聖域の空間を清める行為ですから、ただの掃除ではないというわけです。

意外と忘れがちな神棚仏壇の風通し

福祉用具専門相談員の仕事をしていた時に、たくさんのお宅を訪問し、家のなかを見てきました。何百件と見た経験からいいますと、**ホコリが積もるほど掃除をしていない家は運気が下がっていきます**。

父親と息子さん2人の3人暮らしだったお宅は物があふれかえっていて、そこに真っ白になるくらいホコリが積もっていました。息子さん2人はどちらも若くして重い病気でしたし父親の体調も悪く、いつ行っても横になっていました。

Sakurai Shikiko

桜井識子

1962年、広島県生まれ。祖母は霊能者、祖父は審神者という家庭環境で、霊の世界を身近に感じて成長。もともともっていた霊能力に加え、長年の修行の末、神仏の声を聞くことができるようになる。全国各地の神社仏閣、パワースポットを訪ね、ブログ「さくら識日記」や書籍で紹介するとともに、神仏とご縁を結ぶありがたさについて発信している。オフィシャルブログ「〜さくら識日記〜」https://ameblo.jp/holypurewhite/

窓をタンスでふさいでしまったために、「気」が滞って介護度が異常に早く進み、どんどん無気力になっていった人もいました。俗にいうゴミ屋敷のようなお宅では、母親と息子さんと娘さん、3人ともが病気でした。母親が足を悪くして掃除をしなくなった頃から全員の体調が悪くなったそうです。

逆に、進行性の病気をかかえていても、ほとんど悪化しない人もいました。そのかたのお宅は風通しがよく、いつ訪問しても掃除が行き届いていて気持ちがよかったです。

ホコリが積もる、物がごちゃごちゃ置いてあって家のなかが汚い、風通しが悪い、というお宅はどうしても「気」が滞ります。**滞った「気」は心にも体にも悪影響を及ぼすのです。**

「でも、平日は仕事で疲れているから掃除はムリ」というかたもいらっしゃるかと思います。そのようなときは、**朝、窓を開けて空気を入れ替えるだけ**でも違います。とくに早朝の空気は清浄ですから、家のなかに入れると、それがたとえ5分であっても効果があります。日がサンサンと照っている時間帯の空気も、滞った「気」を一気に払いのけます。**太陽のパワーを帯びた空気には力がある**からです。

家具の上にホコリを積もらせない、と同様に**縁起物の上にもホコリをためない**、ということも大切です。縁起物には福を呼ぶ力があります。熊手《くまで》などは見えない世界に散らばっている福運をかきよせてくれる作用がありますから、それを放っておいてホコリまみれにすると、逆に運を呼んでくれなくなります。運を呼ぶ力にもホコリがたまるからです。

神棚や仏壇があるお宅は、年に1度、年末でいいのでしっかり隅から隅まで掃除をします。神棚だったらお社《やしろ》を棚から下ろして、棚の上だけでなく、お社もきれいなふきんで拭《ふ》きます。外側も内側も拭きあげ、ピカピカにします。

仏壇もなかのものをすべて出して、丁寧に拭き掃除をします。金箔《きんぱく》が貼《は》ってある仏壇はホコリをはらうだけで大丈夫です。おりんやロウソク立てのような仏具もきれいにします。

家のなかと同じように、**神棚も仏壇も風通しをよくしなければなりません**から、どちらも扉はつねに開けておきます。仏壇は全開に、神棚は2～3センチほど開けるようにします。

「魔」が憑《つ》くと運が急降下することもある

「気」が滞った家がなぜ悪いのかというと、悪いものたちが好むからです。「気」が滞ると、空間がどんよりしてきます。湿気でジメジメしているような、悪臭が漂っているような、そんな不快な状態は、悪いものたちにとって居心地がよいわけです。この悪いものたちのことを、私は「魔」と表現していますが、「魔」に居座られるとちょっと困った状況になります。

先ほど書きましたように、病気になる、ケガをする、ツキに見放されて運が急降下する等、そのような不幸が襲ってくるのです。**「魔」は人間が苦しむ様子を見ることが好き**ですから、すぐに離れたりしません。

さらに人間が発するよくない感情が大好きなので、「気」の滞りのせいで不運になった人が、幸せな人を妬《ねた》んだりすると「魔」は大喜びします。大喜びをするとますますその家に居座ってしまうのです。

もっと誰かを妬むように、もっと誰かを恨《うら》んだり憎むようにと、けしかけます。その人がよくない感情を持つ人間になることが嬉しくて仕方がないのです。

「魔」に憑かれてしまったら取り除くのが大変です。憑き物を落とす専門の神社でお祓《はら》い

をしてもらうとか、力が強い神さま仏さまにお願いをして祓ってもらわなければなりません。それもうまくいかない可能性があります。

そうならないために、予防策としてできることは家のなかの「気」を滞らせない、ということです。

方法は簡単です。**「気」を循環させるように掃除をするだけ**なのです。

気、音、香りなどで「魔」が嫌がる空間に

「気」の滞りを解消するには、窓を2ヶ所開けて新鮮な空気が流れるようにします。窓が1カ所しかないマンションは玄関を開けて、窓からの風が通り抜けるようにします。長く開ける必要はありません。5分でじゅうぶんです。玄関を開けておくのはちょっと……という場合は換気扇を「強」で回しながら、窓を全開にします。**部屋の空気を総入れ替えする**感じです。

部屋が散らかっているのも「気」を滞らせるので、汚れものを放置したり、ものを積み上げたり、たくさんのものを床に置きっぱなしにするのもやめます。

清め塩は滞った「気」を解消するアイテム

Cleanup

として使えます。神社で購入した清め塩や、神棚があれば神棚に上げた塩を部屋の四隅にまきます。少したったら掃除機で片づけます。ポイントは窓を開けて行なう、ということです。

キンモクセイの香りは「魔」を祓う効果があります。もちろん「気」の滞りも解消します。ただし、アロマではなく生きた木の香り限定です。キンモクセイでなくても、香りの強い木の花でしたら効果があります。庭やベランダに木を置いている場合は、窓を開けて香りを部屋に取り込むようにします。

香りと同じく**金剛鈴《こんごうすず》という仏具も「魔」を祓います**。窓を少し開けて2～3回鳴らします。「気」の滞りを解消するには1週間に1回程度でいいのですが、「魔」がいれば1日に4～5回繰り返します。「魔」の対策には護符《ごふ》を貼るのも効果があります。

神社に参拝して波動を高める

つねに家のなかの空気を新しいものと交換している、こまめに掃除をしてホコリはたまっていない、このような家だと「魔」が憑くことは、まずありません。もしも最初から「魔」がいた家だったとしても、かなり居心地の悪い空間になっているはずです。あとは**本人の波動を上げて、「魔」のほうから去ってもらうように**すれば万全です。

人も空間も波動が低いと「魔」が憑きやすくなります。憑かれてしまうと波動はますます低くなっていき、その状態は、もっと「魔」を呼んでしまうのです。乗っかる悪いものが多くなってくると、不運も加速します。そうなると、高波動の神仏とつながりにくくなりますので、ダメージも大きくなる、というわけです。

「魔」は神仏をはじめ、波動の高いものが苦手ですし、嫌いです。ですから、自分の波動を高くすることで「魔」から逃れることができます。「魔」を寄せ付けない、はじき飛ばすという予防にもなります。

波動を高くするには神仏の力を借りるといいです。神社仏閣に行って、神さま仏さまの高波動を浴びると自分の波動も少し上がります。それは数日しか保てませんが、何回もくり返し参拝をすることによって、じょじょに自分の波動が上がっていきます。**神社仏閣に参拝することは小さな修行**です。滝に打たれるなどの荒行をしなくても、コツコツと参拝

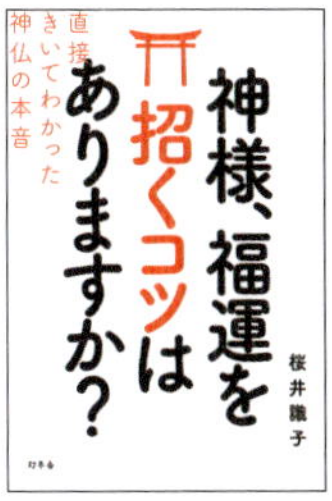

神様、福運を招くコツはありますか？
直接きいてわかった神仏の本音

著者：桜井識子
出版社：幻冬舎 / 定価：1,400円（税別）
著者が数々の神社仏閣を参拝するなかで経験した神さまとの交流や、神さまが喜んでくれる参拝の心得、悪い霊の祓いかた、死後の世界と墓の選びかたなど、神仏の世界の情報が幅広く書かれている。神さまの本音を知ることで、良運を招くことができる本。

を重ねることで修行をし、波動を高くできるのです。

1回の参拝でできるだけ修行をしたい、波動を上げたいという場合は霊山に登ります。霊山とは、神社の奥宮が頂上にあるような山です。ただし、山登りは危険な場所も多く、山中で迷うこともあり、熊に襲われる危険性もありますから、登山の経験がないかたはムリをしないで里にある神社仏閣をこまめに参拝したほうがいいと思います。

神さまに歓迎されている自分を知る大切さ

どんなに部屋をきれいにしても、幸せになれない……。そんなときこそ、**神社に行ってみましょう**。神さまを信じる人も、信じない人も、とりあえず出かけてみましょう。**神聖な境内で深呼吸をして、神さまの高波動をいただき、神前では幸せになりたいことを正直にお話します**。境内にいるときに祈禱《きとう》が始まったり、結婚式に遭遇したり、動物や虫などがお出迎え・お見送りをしてくれることがあります。そのような出来事があれば神さまが歓迎してくれたと思って間違いないです。神さまの姿が見えない、声が聞こえない人にはこうして歓迎の印を見せてくれます。見過ごしてしまえば気づかないままですが、一度気がつくと歓迎の印をとおして、神さまの優しい愛情を感じられるようになります。そうなると、高度な歓迎の印……たとえば無風なのにいきなり風が頬《ほお》を撫《な》でたとか、雲が龍の形になったとか、曇っていたのに急に日が射したなど、さまざまな愛情の印がわかるようになります。

神さまに愛されている自分に気づくことで、それまで**自分に足りなかったものがわかって**きます。神社に参拝すると愛情が補充されて自分が変わります。さらに頑張って「気」が滞らない家にすると、その先に待っているのは「幸運」「財運」などに恵まれた輝く未来、となっています。

ポイント

縁起物や神棚仏壇にホコリがたまると
福運を呼ぶ力にもホコリがたまる
家の「気」の滞りを解消すれば
「魔」にとって居心地の悪い空間になる
神社に参拝して高波動をもらうと
家のなかにも自分にも「魔」は憑かない

壁だけ片づけて、金運も
ほしい未来も手にする

to be Rich

人生のストーリーの７割は部屋の壁で決まります。
壁をスクリーンとしてほしい未来をつくれば、
金運も幸運も呼び込めるのです。家は夢を叶《かな》えてくれる魔法の箱。
部屋が変わると自分が変わり、未来が変わります。

壁が変われば行動も未来も大きく変わる

「片づけが苦手」という人にこそ、ぜひトライしてもらいたいのが「壁だけ片づけ術」です。これは、**「壁だけ」を片づけて未来を引き寄せる方法**。玄関や寝室、ダイニング、リビング、浴室、洗面所、トイレといった部屋の壁の見た目を「〝なりたい自分〟の未来」のイメージに変えることで、部屋をスッキリさせます。**壁を中心に住環境を変えるだけで、深層心理に働きかけて人生を劇的に変える空間にすることができる**のです。心理学とインテリア設計を融合して確立した「ルームセラピー」にもとづいています。

「空間」は想像以上に私たちに大きな影響を与えています。高級ホテルに行くと気分が落ち着いて、歩幅もゆったり大きくなったりしますよね。これは、脳が空間の影響を受け、意識や行動が変わるからです。意識や行動が変わると、引き寄せる未来も変わってきます。

壁だけ片づけ術を体験した人たちは、「念願の仕事の依頼が来た」「やりたい仕事を見つけて起業した」「収入がアップした」「不登校の子が学校へ行き始めた」「１００万円の臨時収入があった」といった変化を体験しています。**99パーセント以上の人が成果を実感**しているほどです。

普段はあまり意識していませんが、部屋にいるとき、私たちの視界の7割は壁が占めています。空間のなかでも、壁はとくに目にする時間が長く、それだけに住む人の心の状態や行動に大きな影響をおよぼしているのです。**壁は、「セルフイメージ」を高める力をもっています**。セルフイメージとは、「私はこんな人間」と自分に対して抱いているイメージのこと。人はセルフイメージどおりの行動をします。「私には魅力がある」と思っている人は、おしゃれに気を使って、より魅力的になります。「私には魅力がない」と思っている人は自分磨きをせず、外見も地味になっていきます。もし幸せになりたかったら、見るだけで幸せを感じるような壁をつくればいいのです。セルフイメージも自然に「幸せな私」へと向かうでしょう。

壁が片づいていると自然に部屋全体も片づくようになることもメリットです。もし、片づけが苦手で抵抗があるなら、まずは壁面積が少なく実践しやすいトイレなどからスタートしてみましょう。

Yamada Hiromi

山田ヒロミ

京都生まれ。ドリームスペースクリエイター®。一級インテリア設計士と心理カウンセラーの資格を有する。ビジネススクール上海水晶石教育中心 客員教授。心理学と成功哲学、日本の心を融合させて、見えない「幸せ」と見える「環境」をリンクさせた「ルームセラピー®」を考案。多くの相談者の人生を好転させている。オフィシャルブログ「happyルームセラピー®」
https://ameblo.jp/room-therapy/

幸せ気分を先取りし なりたい自分を壁に投影

壁だけ片づけ術では、ワクワクしながら手にしたい未来をイメージして、**「なりたい自分」になったつもりで空間づくりをします。**手順は、どんな未来にするか考える→楽しく幸せな気分で壁を片づける→壁が脳に影響を与えて心と行動が変わる→夢が叶う、部屋全体が片づいていく、という流れになります。

ほしい未来を引き寄せたくても、「こうなりたい」「これがほしい」と願うだけではうまくいきません。大切なのは、「豊かで幸せになった」という感情を今、味わうこと。うれしさや心地よさを存分に味わうことが、引き寄せの法則を効果的に働かせます。ハッピーな未来を先取りして壁をスクリーンに見立て、「なりたい自分や未来」を映し出すかのように整えるのです。そこから無意識に情報を受け取ると、**行動や心理状態が変化していきます。**

では、望んでいる幸せな未来にいる自分を想像してみましょう。たとえば1年後の自分は、どんなものを使い、どんな服を着て、どんな部屋に住み、どんな壁を目にしているのでしょう。うまく想像するコツは**「楽しい気分で行なうこと」**です。存分に、自由に、自分がほしい未来をイメージして「未来予想図」をつくりましょう。手書きやメモ、写真でも、なんでもかまいません。

片づけが苦手な人は「片づけながら考える」のをやめ、まず「1年後に〝なりたい自分〟の家」には、どこに何が置いてあるのか、「未来空間の収納」を決めましょう。壁を片づける前に、収納場所だけを考えるのです。玄関・靴箱、書棚、キッチンなど、それぞれの場所に何を置くかをイメージできたらメモをし、片づけに入ります。作業するときは、好きな音楽などを流しながら、未来の家で暮らす自分を想像してワクワクしていれば、**そこから引き寄せが始まります**。未来を先取りした「ほしい空間」にすると、ふたたび散らかってしまうというリバウンドも少なくなります。

金運をアップする鏡と照明の癒《いや》し効果も活用

壁だけ片づけ術は、「なりたい自分になる」ほか、「家族のコミュニケーションが増える」「来客が増えて幸運や成功を運んでくれる」「心身がすこやかになり快眠になる」「家事が楽しく効率的になる」といったメリットがあります。同時に、金運アップに有効な手法を取り入れて壁だけ片づけをすると、より効果が期待できます。具体的な方法は、後でくわしく解説します。

さらに、壁だけ片づけ術では**鏡の効果をフル活用**します。鏡を見るときはかならず自分の顔や姿をチェックしますよね。鏡を見るたびに「私は幸せな未来を手にする」といったセルフイメージを更新できれば、結果もついてくるものです。鏡は自分の姿だけでなく、背景も映します。そのため、鏡に映る背景も美しく片づけておくことがポイント。自分の未来をイメージできる背景を、客観的に鏡で見ることで、セルフイメージをぐんぐん上げることができます。鏡はとくに、金運を引き寄せるようです。私がアドバイスした多くの人が「収入が上がった」といっているくらいです。

もう一つ取り入れたいのが、**部屋を癒しの空間にしてくれる照明**です。参考にしたいのは、ホテルやレストランの空間。オレンジ色の電球色のライトや間接照明の使いかたなどを参考にして部屋の照明を変えるだけで、グッと雰囲気や印象が変わります。

電球色の温かみのあるあかりは、心を穏やかにして気分を落ち着かせる効果が期待できます。人は、サーカディアンリズムという生体リズム、いわゆる体内時計をもっています。昼と夜をつくり出す1日のリズムのことです。仕事をする昼間は白色の蛍光灯《けいこうとう》が適していますが、夜も蛍光灯では仕事モードのままでくつろげなくなるのです。夜はオレンジの電球色を利用して「くつろぎモード」にすると、心身ともに健康になり、安眠へと導かれるようになります。

それぞれの場所に適した片づけ術で運気アップ

玄関は家の顔ともいわれる場所です。**明るくスッキリとした玄関は、人に好印象を与え、良運を招きます。**「お金を引き寄せたい」という人は、「お金に恵まれた未来の家」のおしゃれな玄関をイメージしながら片づけましょう。セレブの玄関は、壁面収納に徹していて、生活感のあるものがいっさい出ていませんよね。

不要なものは徹底的に手放して処分。飾り棚に置くものは、好きなものを厳選しましょう。たとえば、電球色のライトや置物、アロ

Clean up

マ、お花や造花などを置いてもいいですね。

玄関の真正面に絵を飾ると、それが窓の代わりになって家のなかに意識が向かないので、飾らないほうが無難です。家族写真も玄関以外の場所に移動させましょう。**玄関に黒か青の小さなオブジェを置くと金運アップ**が期待できます。

金運をアップするには玄関のほかに、テレビの後ろの壁をライトで照らすことも有効。その際は、テレビの後ろか両サイドにライトを置きましょう。また、キッチンの水回りをきれいに保つと金運アップにつながります。

「自信をもちたい」「いつまでもキレイでいたい」なら、洗面所を片づけるのがおすすめです。とくに**鏡に映り込む背景まで美しく片づける**ようにしましょう。

玄関や洗面所などによくある分電盤は、壁と同じ色の和紙や布などで覆《おお》って隠すとスッキリします。安全のため、分電盤からは少し離して吊《つ》るしましょう。収納棚に白やベージュといった同一色のタオルを置いて、ホテルのようなゴージャス感を演出しても。

白が基調の洗面ユニットの扉の場合は、木目調やポップな柄のカッティングシートを貼《は》るとイメージを一新できます。棚にグリーンや家族写真などを置いてリラックスできる空間を目指します。居心地よい空間にすると、**自分磨きに自然と意識が向きます。**

家族団らんの風景は幸運を呼び込むカギ

「仕事で成功したい」なら書斎や会社の机回りを見直して。自宅でスペース的に難しい場合は「書斎コーナー」でもＯＫ。成功したワンランク上の自分、社長室などをイメージしてインテリアを選んだり、「理想の生活」を連想できる絵や写真を飾るのもいいでしょう。

会社では、理想の場所やシチュエーションの写真をパソコンの壁紙にしてみましょう。たったそれだけでも、意識づけになります。

リビングやダイニングは、家族そろって過ごすことが多く、**家族の心と体の健康を願う場所**。家族写真や子どもが書いた絵などをきちんと額に入れて飾ると、それが無言の家族への愛のメッセージになります。その結果、「家族との会話が増えた」というケースもたくさんあります。

また、「未来の部屋から見える景色」をイメージして、**絵や風景写真などを壁に飾ると**

人生が劇的に変わる
「壁だけ片づけ術」

著者：山田ヒロミ
出版社：マキノ出版／定価：743 円（税別）
おもに女性向けの健康誌「ゆほびか」のムック本として発売。お金と幸せを引き寄せる「壁だけ片づけ術」を徹底解説している。お金など願いごと別と、部屋別の具体的なアドバイス、体験した人の実例も紹介。すぐに活用でき、片づけと引き寄せが始められる本となっている。

効果絶大。豊かな気分になれて、金運が舞い込みやすくなります。

ダイニングには、家族の団らんが映るような場所に鏡を置きましょう。そうすると、鏡に映る家族の姿をそれぞれが目にする機会が増え、楽しい雰囲気が増幅します。

また、電球色のペンダントライトで食卓を照らせば、料理がおいしくに見え、食欲もアップします。和《なご》やかなムードで食事を楽しめれば、心も体も元気になり、家族に幸せが訪れるでしょう。

壁は〝願望達成ツール〟自分を、そして未来を変える

家は住む人にとって、**夢を叶えてくれる〝魔法の箱〟のようなもの**です。これまで汚かったり、居心地が悪かった部屋も、掃除をしたり配置を変えたりすると、自分も変わり、そして未来が変わります。

そして壁は、とても強力な**「願望達成ツール」**です。今どんなに散らかっているとしても、この「壁だけ片づけ術」の魔法を使えば、かならず快適で居心地のいい部屋になり、金運も運気もアップ、ほしい未来を手にすることができます。

ものが捨てられないという人は、**「理想の〝なりたい〟自分」がそれを必要としているかどうかを考えます**。すると、「いらない」と感じるものも出てきて、手放し、処分することができるはずです。

豊かな心で「今」を幸せに暮らすことは、私たちの命の時間を大切に活《い》かすことにつながります。あなた自身の未来と今が最高に輝くために大切なのが「壁だけ片づけ術」なのです。

ポイント

壁に未来を投影し、
なりたい自分や幸せな気分を先取り
それぞれの部屋に適した片づけで
運気がアップし、金運もよくなる
壁だけ片づけ術を実行すれば、
ほしい未来を手にできる

お金持ちは実践している！
ゲッターズ流お掃除風水

to be Rich

お金持ちの部屋に共通しているのは「ものが少ない」「掃除を徹底している」「風水を取り入れている」ということ。部屋に「いい気の流れ」を呼び込めば、誰でもすぐに金運がアップし、お金持ちに近づけます！

お金持ちになれるお掃除風水&マインド

「お金持ちは、自分とは関係のない、遠い世界の人たち」と、思っていませんか？　いいえ、それは違います。

お金持ちの「部屋」を真似《まね》すれば、誰でもお金持ちに近づくことができます。おいしい料理をつくりたいなら料理がうまい人の真似をする、美人になりたいなら美人が実践している美容法を真似する、それと同じです。

僕はこれまで5万人以上を占ってきました。そのなかには、会社経営者などの大金持ちもいました。テレビ朝日『お願い！ ランキング』という番組では、数億や十数億円という豪邸を何軒も拝見しました。

みなさんも、稼いでいるタレントやセレブの家をテレビで観たことがあると思います。そのとき、お金持ちの部屋には共通点がいくつかあると気づきませんでしたか？

そうです、**お金持ちの部屋には例外なく、「お金持ちマインド」が、すみずみまで行き渡っているのです。**そして、その「お金持ちマインド」が次の三つの共通点として表れます。

●ものが少なく、すっきりしている
●ムダを減らして合理的に過ごしている
●清潔感がもたらす、心理的影響に敏感である

同じように、貧乏な人の部屋にも共通点があります。

●ものが多く、ごちゃごちゃしている
●ちぐはぐなものの使いかたをしていて、効率が悪い
●不潔で汚いことに麻痺《まひ》している

どうですか？　あなたの部屋はいかがでしょうか？

もし、あなたが今の2倍の収入を望んでいるとするなら、仕事をさらにがんばるか、もっているお金を増やすために工夫するかしなければならないと考えるでしょう。

しかし、もっと簡単な方法があります。それが「掃除」です。**お金持ちを真似て部屋の掃除をすることで、お金の問題を解決できるのです。**

Getters Iida
ゲッターズ飯田
お笑い芸人「ゲッターズ」として活動。コンビ解散後、芸能界最強の占い師としてテレビやラジオ、雑誌、webなどで活躍中。四柱推命、宿曜、九星気学、算命術、観相学、手相、姓名判断などの経験から、オリジナルの占術方法「五星三心占い」を確立。近著に『ゲッターズ飯田の五星三心占い 2018年版』（セブン&アイ出版）などがある。
オフィシャルブログ「ゲッターズ飯田の占い」https://ameblo.jp/koi-kentei/

ものを減らすことで部屋に「いい気」が流れる

風水は、空気の流れを扱う学問です。そして、風水では「掃除が開運につながる」といわれています。なぜかというと、**空気は、住む人の心や体に大きな影響を与える**からです。空気、つまり「空《から》の気」に、前向きな「気」が加わるといわれているのです。

あなたが部屋にいるとき、どんな気分で過ごしていますか？ **部屋にいい空気が流れているなら、元気や勇気がみなぎり、いろんなことに楽しくチャレンジしていることでしょう。**反対に、空気がよどんでいて、じめじめしたカビ臭《くさ》い部屋なら、気持ちが沈んでいたり、何をするにもおっくうになっていたりするのではないでしょうか。

ではどうすれば、部屋に「いい空気」が流れるのでしょうか。まず、始めてほしいのは「ものを減らすこと」です。

ものを減らすと、掃除がしやすくなりますし、目に入るよけいな情報が減ります。これは、「合理的に過ごす」というお金持ちの共通点の一つにつながります。

お金持ちは、徹底的な合理主義者です。な

ぜなら、「人生には限りがある」ことをよく知っているからです。時間にも人生にも限りがあるから、効率よく目的を果たす方法を考える、それが「お金持ちマインド」なのです。

ものの少ないすっきりした部屋では、必要なものを見極める力や、効率よく目的を果たす力が、自然と鍛えられます。お金持ちはこれらの力を身に付けているから、大きな目標に向かってひるまずアタックし、夢を次々と実現させているのです。

空間と時間のムダを減らし効率重視主義に切り替える

では、どのように「ものが少ない」のでしょうか？　具体的にお金持ちの家の場合を見ていきましょう。

まず、典型的なのが、**リビングやベッドルームなど、ほとんどの部屋にゴミ箱が見当たりません**。ゴミ箱は台所などごく一部の場所にあるだけ。多くのお金持ちの家では、引き出しのなかや見えない場所にしまわれているのです。

なぜかというと、「ムダを省く」ため。これもお金持ちマインドの一つです。ゴミ箱があると、「ゴミがたまっているかな」「ゴミを出さねばならない」という意識にとらわれてしまいます。お金持ちは「ゴミ」という意識をもつことに、1秒たりとも自分の時間を使いたくないのです。

同じく「ムダを省く」という理由で、お金持ちはティッシュも置いていません。目につくところにあると、つい使ってしまってムダなのだとか。このようにお金持ちは、「ものを減らす」ことを「ムダを省く」ことにつなげているのです。

それに、ゴミ箱やティッシュがない部屋は、目障《めざわ》りなものがなくスッキリと見えます。こういった習慣を真似することで、お金持ちになったようなリッチな気分で毎日を過ごすこともできるかもしれませんね。

掃除や洗濯は毎日使う場所やものを優先

「ものを減らす」ことができたら、次のステップ「お掃除風水」に進みたいと思います。ここでも、やはりお金持ちの部屋の真似をしましょう。

掃除で優先したいのは「毎日使ったり触れたりする場所」です。これらの場所に気を遣えないということは、自分自身にも気を遣え

ない人ということです。

お金持ちは、自分自身を大切にしています。「自分のことが大好き！」という人も多いです。ですから、**環境が自分に与える影響に敏感です。毎日生活をする部屋が自分に与える影響にはとくに敏感なのです。**

こういった意識があるかないかがはっきりわかるのが水回り。貧乏な人の家は、圧倒的に台所、トイレ、お風呂、洗面所といった水回りが汚れています。毎日使う場所なので、汚れはたまりがちです。にもかかわらず、見て見ぬふりをしているうちに、汚いのがふつうになってしまっているのです。

また、ベッドや布団のシーツ、枕カバーをまめに洗うことも大切です。お金持ちは、短時間で体力を回復し、次の日の仕事に向かう効率重視の人が多いものです。洗いたてのシーツで、お金持ちになった気分で、心地よく眠るようにしましょう。

カーテンもこまめに洗濯したいところ。カーテンは、窓から入ってくるいい空気が、一番最初に触れるものです。しかも、面積が大きいぶん、人の意識に与える影響も大きいのです。

風水では、太陽の光や、新鮮な空気を取り

Clean up

入れることを何より重要だと考えます。カーテンが汚れていたら、せっかくの新鮮な空気も汚れてしまいます。「いい気」を部屋に取り入れ、パワーをもらうようにしましょう。

日本の風水で大切なのは日当たりと風通し

風水の考えかたのベースは「自然と調和する」というものです。土地が狭い、湿度が高いといった特徴がある日本の風水は、風水発祥の地である中国の風水以上に**「日当たり」と「風通し」を重視しています。**

「家の西側を掃除すると、お金が貯《た》まる」といわれ、**西が金運をつかさどる方位**とされるのもここに理由があります。ポイントは西日です。西に台所がある家では、強い西日のせいで食材がすぐに傷んでしまいます。そのため、西の台所は管理がいき届かないとお金が出て行くといわれるようになったことが由来です。

また、「東や南東に玄関やダイニングがあると、朝日を受けて1日が始まるので運気がよくなる」「北や北西は寒い風が入るので、大きな窓をつくらないほうがいい」という考えもあります。このように風水は、自然の理《ことわり》に即した教えかたなのです。

しかし、日本の土地は狭く、風水学をもとにしてのびのびと家を建てられる人は少ないのではないでしょうか。では、現状の家や部屋をどうすればいいのかというと、新鮮な空気がめぐるように工夫すればいいのです。

新鮮な空気を取り込むには「南」のパワーを使うとよいでしょう。南側から新鮮な空気を取り込めば、空気は寒い北側に流れていき、部屋のなかを循環するというわけです。

実際、**お金持ちの部屋には、南に窓やベランダがあります。南側が壁などの場合は、空気清浄機やエアコンを置いて空気の流れをつくっています。**

それでなくとも、日本人は、南が好きです。明るくて温かい「南」にいると、活動的になるという動物的感覚があるのでしょうね。確かに、マンションで南向きの部屋は人気が高いです。

逆に「西」にある大きい窓は、開けっ放しにしないようにしましょう。お金が出て行きやすいからです。**西は金運の方位とされていますが、僕の経験上、パワーが強すぎると感じています。**

なお、西が汚れているとお金がたまりにく

ゲッターズ飯田の金持ち風水

著者：ゲッターズ飯田
出版社：朝日新聞出版／定価：1,000 円（税別）
ゲッターズ飯田による、最強の金運風水本。お金持ちを数多く占ってきた自身の経験から、お金持ちに共通する「お部屋」「風水」「マインド」を徹底解剖。誰でも簡単に実行できる方法で、お金持ちになるための近道を指南する。真似してはいけないNG風水も収録。

いうえ、金銭トラブルが起こりやすいようです。西の掃除は丁寧《ていねい》に行ないましょう。

鬼門《きもん》・裏鬼門は徹底的に掃除しよう

お金持ちは、意識的にしろ無意識にしろ「方位を味方にするコツ」を実践しているものです。「北西は富を得られる方位なので、金庫を置けば金運がアップする」など、方位にはそれぞれ意味がありますが、なかでも、とくに影響が大きく、**気をつけたほうがよいとされる方位が二つあるのです。**

そのうちの一つが「北東」です。日本の風水では「北東」を鬼門といい、忌《い》み嫌う風習があります。北東は「トイレやお風呂などの水場には適さない」といわれています。その理由は諸説ありますが、「日が当たらず、暗く、じめじめしている」「寒い場所で肌を出すと、病気になりやすい」というのは、納得できるのではないでしょうか。

北東が部屋、物置になっている場合や、トイレやお風呂がある場合もあるでしょう。しかし、とにかくマメに掃除をして、いつも清潔に保っていれば、恐れることはありません。なるべくものを置かないようにし、風通しをよくすることも心がけましょう。

もう一つ、**徹底的に掃除したいのが「南西」です。**鬼門である「北東」の対角線にあたる「南西」は裏鬼門とされ、鬼門と同様に注意したい方位なのです。

北東は男性、南西は女性の方位だといわれています。南西に枯れた植物を置いていたり、汚れていたりすると、女性は体調を崩しがちになります。

お金が入ってくるよう仕事をがんばるためにも、お金持ちになってから思い切り遊ぶためにも、健康は大切ですよね。ですから、鬼門と裏鬼門はとくにきれいにし、できればアロマなどいい香りを漂わせるようにしてみてくださいね。

ポイント

お金持ちの部屋を真似することがお金持ちへの最大の近道

ものを減らし合理的に生きる「お金持ちマインド」を真似しよう

風水を味方にして「お金に好かれる」部屋をつくる

Interview

本当は知っている未来を想い出せば好転できる

私たちの潜在意識はすでに、幸せな未来を知っています。
未来は想い出すものなのです。
それにはクリアな空間が必要となり、
幸せな未来を実現するとともに、お金は自然とついてきます。
未来を想い出すと、輝く人生が始まります。

潜在意識が知っている幸せな未来が成功へと導く

あなたの潜在意識は、あなたの未来を知っています。幸せな未来は「すでにある」のです。その「未来を想い出す」ことを、私は「未来覚醒」と呼んでいます。

「未来を想い出すって、どういうこと?」と疑問に思うことでしょう。一般的に時間は、「過去→現在→未来」と流れていると思いますよね。でも、**意識の世界では「過去・現在・未来」は同時に存在しています。**過去の出来事をまざまざと想い出し、「今まさに体験しているような感覚」を味わえるように、私たちの意識は時空を超えてどこへでも繋《つな》がれます。今の意識から、「未来の自分」を見ることもできるのです。

よい未来も悪い未来も、どちらも私たちの潜在意識のなかにあります。最高に輝いている未来のあなたは、今のあなたがイメージできるものをはるかに超えているのです。**輝いた未来のあなたを想い出すことで、体験する世界は急激に幸せな方向へとシフトします。**

それにはまず、脳のしくみを知っておきましょう。脳は、過去の失敗した経験などを、そのとき抱いた感情とセットにして記憶し、同じ失敗をくり返さないようにしています。これは、私たち人間が生き延びようとするために持っている本能です。でも、「安全に生きよう」とすればするほど、新しくチャレンジすることが難しくなってしまうものなのです。なぜなら、失敗するかもしれないリスクがあるからです。

この**「過去の失敗の記憶からできた脳の回路」が、幸せな未来を想い出すための大きな妨げとなっている**のです。この回路を解除すると、本来のあなたの「脳力」を発揮できるようになっていきます。そして、輝く未来を想い出せ、未来にぐんぐん導かれて行動できるようになるのです。

たとえば、彼がいなかったある女性は、ピンクのかわいらしい箱に入ったチョコレートが次から次へと、空から降ってくる未来を見ました。すると、それからおよそ1カ月後に彼ができました。その日はなんと!　バレンタインデーでした。幸せな未来を想い出すことで、彼ができるような行動を自信を持ってとることができたのです。ある管理栄養士の女性は、大勢の前で講演をしている未来を見ました。最初は「そんなことは絶対にありえ

Osuzu Yoshika

大鈴佳花

未来覚醒スペシャリスト。社会人のとき、スキューバダイビング中の事故によってPTSDに悩まされたが、脳内スクリーンで自分の未来を見てから過呼吸が起こらなくなる。その後、脳とからだの関係に気づき、脳力開発の手法を編み出す。ブログや究極のパラダイムシフトセミナーが大好評となる。公式ブログ「幸せな引き寄せ脳の作り方」https://ameblo.jp/the-legend-world/

ない」と思ったようでしたが、のちにレシピ本を出版し、150人ほどの前で講演会を行なっています。彼女は、「未来覚醒がなかったら、自信がなくてチャレンジできなかったかもしれない」といいます。潜在意識にすでにある、**幸せな未来をじょうずに想い出せば、チャンスを逃すことなく、迷わずまっすぐその道に向かっていける**ようになるのです。

部屋がきれいになると脳はクリアに活動する

未来覚醒したい人も成功したい人にも、整った空間が必要です。私たちは視覚から多くの情報を得ています。その情報を脳は24時間、絶え間なく処理し続けています。それは寝ているときも行われているのです。部屋が散らかっていると必要のない情報がたくさん入ってきてしまうため、そのぶんムダな処理に脳を使い、疲労してしまうのです。**脳内がクリアであれば、人生や叶《かな》えていきたいことに集中しやすく、ひらめきも増えますし、未来覚醒にも不可欠**です。部屋をきれいに整頓しておくことは、とても大切なのです。まずは、不要なものがない空間にすること。「幸せな未来を実現したあなたは、本当にそれを

食事がおいしかった
臨時収入があった
部屋がきれいになった
仕事がうまくいった

持っているか」ということを感じてみてください。値段ではなく、安くても「幸せな未来を実現したあなたにふさわしいもの」は残し、高額でも「幸せな未来を実現したあなたにふさわしくない」と感じたら思い切って処分します。

　そうして厳選されたもののある空間を作ってみると、脳がその状態を覚えてくれるので、幸せな未来を想い出すことができる「幸せな引き寄せ脳」へと変化していきます。

　また、「掃除が苦手」という人の多くは、まだ掃除をする前に片づけているシーンを先に想像して、そのストレスを先に脳が感じてしまいます。そして「面倒くさいなぁ、大変だ」と感じ、動けなくなってしまうのです。スムーズに片づけるには、**きれいに片づいた後の、気分のいい状態にフォーカス**しましょう。きれいな部屋でリラックスしている未来のあなたを感じてみてください。じょうずに感じられたら、楽に片づけられるようになりますよ。

　部屋が、幸せな未来を実現したあなたにふさわしい状態になると同時に、輝く未来がグッと近づいてきます。輝く未来には自然にお金はついてきて、金運がめぐっているのです。「お金」というのはそれを持つこと自体が目的ではありません。たとえば自分が購入するものをつくってくれた人への感謝の気持ちであり、また、お金を得ることは自分の仕事に対する相手からの感謝の印だったりします。**お金はお互いの感謝を表すもの、自己表現するためのツール**にすぎないのです。

「お金」は、あなたの幸せな未来を叶えることで、自然に受け取れるように変化していきます。私のセミナーの受講生も、幸せな未来を想い出し、その未来を楽しみながら叶えていくと、結果的に数千万の利益を得たり、誰かの役に立つ仕事をしたいという想いで起業して、どんどん利益を上げています。

私たちは、「がんばらないとお金は稼げない」と思いがちですね。でも本当は、**夢を叶えながら楽しく楽に稼げるもの**なのです。

夢が本当にすぐ叶う「引き寄せ脳」の作り方

出版社：KADOKAWA ／定価：1,300円（税別）

輝く未来を想い出すための「未来覚醒メソッド」について解説。自宅で「引き寄せ脳」にできる効果的なワークがたくさん盛り込まれている。イラストつきで紹介されていて、すぐに実践できることが魅力。未来覚醒によって輝く人生にシフトできる1冊。

日々の幸せに感動して脳のクセを変えていく

脳のしくみを使うと、誰もが輝く未来を楽に手にすることができます。脳は失敗したことのほうを強く記憶しています。これまでの記憶を変化させるには、日々小さなことでも幸せを感じきり、**「幸せなことを記憶するクセ」**をつけていきましょう。

未来覚醒ができる「幸せな引き寄せ脳」にするには、毎日の生活のなかで小さな幸せを見つけること。「仕事がうまくいった！」「食事がおいしかった！」「部屋がスッキリ片づいて気持ちいい！」など、何でもいいんです。それを見つけ、思わず感動してしまうほど存分に感じきってみてください。そうすると、あなたの脳は幸せな状態を覚えてくれて、幸せな未来を想い出せる「幸せな引き寄せ脳」へと変化していきます。

同時に、姿勢にも気をつけてみましょう。**背筋を伸ばして姿勢を正すと、イメージをよい方向に向けやすくなります。**そして笑顔をつくるように口角を上げると、悪いことをイメージするのが難しくなります。これも脳のクセを変える練習となるのです。

幸せな未来を実現したあなたにふさわしい空間で、脳とからだのしくみを利用して、幸せな未来を想い出すことが、**成功への近道**です。幸せな未来を想い出すことは私たちにとって、「今を輝かせてくれる」かけがえのないものになっていきます。毎日、小さな幸せを感じながら部屋を楽しくきれいに片づけ、未来に導かれるうちに、いつの間にか輝く未来も金運も手にしていることでしょう。

ポイント

潜在意識が知っている輝く未来を想い出すと、輝く未来が実現する

散らかった部屋は脳のムダ使い。クリアな空間が成功への道となる

未来を実現するなかでかならずついてくるのがお金。目的ではない

※金運アップのための片づけ実践ミーティング①

片づけたらホントに金運は上がるの？

A絵　今回のテーマである「片づけや掃除をして金運がアップした」という経験は、お二人にはありますか？

B奈　私は「水回りの掃除をしたら金運が上がる」とよく聞くので、トイレやキッチン、洗面所をこまめに掃除するようにしたの。そうしたら、何となくお金に困らなくなった気がする。食品や実用品などのいただきものも増えたよ。

C代　前に風水での金運アップを試してみたんだけど、なかなか成果が実感できなくて。何とかならないかなって調べてみたら、ある本に「空間がきれいじゃないと意味がない」と書かれてたの。それから、掃除や片づけをして、不要なものを捨てるようにしたんだ。そうしたら、掃除したタイミングでいい仕事の話をもらえたり、効果がグンと上がってるよ。

A絵　みんな何かしらの実感を得ているんですね。私も金運がほしくて玄関に黄色いものを置いてみたけど、あんまり効果がよくわからなくて、結局やめちゃいました。

C代　空間が片づいていなかったからかもよ。私は、玄関を片づけたらその日のうちにいいことが舞い込んでくるよ。福引が当たったり、臨時収入があったり。最近はすぐに成果があるかな。

B奈　私も、仕事が減ったとき仕事部屋を掃除したらすぐに次々仕事が入ってきたことがあって、びっくりしたよ。

A絵　私、掃除が苦手なんです。家事のなかでも、掃除は一番後回し。片づけなくても困らないって思っちゃって。

C代　仕事も家事もしてると、そうなるよね。でも、ものやホコリがたまると、気が滞《とどこお》っちゃう。いい運気が流れないから、金運や幸運が入ってこないのよ。

A絵　そうみたいですね。その「気」というのも、よくわからないんですけど。

C代　たまったゴミとかホコリを見るとイヤだなぁと思うでしょ。それが邪気といって、あまりよくない「気」なの。

A絵　そういわれると、なるほどって思います。仕事から帰宅して、散らかっ

参加者

A絵

引き寄せ初心者。何ごとにも慎重でお世話好き。でも何かあると、すぐにネガティブになるタイプ。

B奈

引き寄せ歴2年。ポジティブで楽観的。「ま、いっか」が得意で、好奇心あふれる行動タイプ。

C代
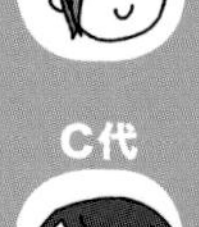
引き寄せ歴10年のベテラン。風水も試していて経験豊富。冷静で責任感の強いしっかり者タイプ。

た部屋を見ると、イラっとするし。

B奈　イライラすると、自分にも家族にも影響を与えちゃうよね。私も全部いっぺんには無理だけど、「とりあえず今は、キッチンだけ」とか1カ所から始めてみたらどう？

C代　「ここだけ」っていいよね。私も掃除や片づけは、1カ所だけを徹底的にするの。この前、玄関を徹底的に掃除したら3千円のランチをおごってもらえて。別の日にトイレだけを掃除したら、今度は5千円のランチをおごってもらっちゃった。

A絵　いいなぁ。でもつい、「ホントに？」って疑っちゃうんです。「片づけたから、お金が入ってきた」っていう実感がないというか、信じきれないんです。

B奈　これも引き寄せの法則だから、やっぱり気持ちが大切だよ。「私は信じきれない。けど、それでもオッケー」と思えばいいの。MACOさんがいわれているように、人間はネガティブな考えを持つのが当たり前。「そんな自分でいいよ」って、自分を許してあげてみて。私も落ち込んだときは、「そのままでいいよ」って、自分を抱きしめてあげるの。

A絵　いつも元気なB奈さんでも落ち込むんですか？　少しホッとした(笑)。

C代　それに、お金の引き寄せはどんな形で返ってくるかわからないもの。情報だったり、助けてくれる人だったり。ちょっとラッキーって思えることかもしれないし。小さなことも逃さないようにアンテナを張っておくといいかもね。

A絵　そういうものなんですね。でも私、こないだも、トイレ掃除してたらケータイを水没させちゃって。

B奈　それはショックだよー。でね、大鈴先生によると、「人間の脳は失敗をくり返さないために、失敗を感情とセットにして記憶する」んだって。失敗の印象が大きくて、いいこともあったのに気づかなかっただけかもしれないよ？

A絵　ただ落ち込むだけで、よかったことには目を向けられていなかったのかもしれませんね。

ネガティブでも大丈夫。お金が循環する法則

前向きにやろうと思っていても、「お金がない」「片づかない」といったネガティブな思いは出てくるもの。その脳のクセをプラスに変えてイメチェンすることで、片づけも、お金の引き寄せもできるようになるのです。

マイナス思考は言葉でプラスに変える

金運がほしいと思っていても、「どうせ私はお金に縁がない」などと、心のどこかであきらめていませんか？　お金に対するイメージがネガティブな人は、意外に多いものです。そんな人はぜひ、「私はお金をじゃんじゃん引き寄せられる！」といった思考に書き換える、つまり〝**イメージチェンジ**〟することをおすすめします。

脳は自分が重要だと思っている情報を、自動的かつ無意識に取り込んでいくという性質があります。いつも「お金がない」「お金が出ていく」といっていると、それが脳にとって重要な情報になってしまいます。

「できないこと」ではなく、「できること」の優先順位を上げるには、**「私はお金を引き寄せる」と声に出していってみる**ことです。それをくり返すことで、脳に「できる」と思い込ませることができます。

それでもやっぱり、ネガティブな考えは浮かんできます。でも、大丈夫！　人間はそういう思いが出てくるもので、これをなくすことはできません。

ネガティブ思考を否定せず、そんな当たり前の思いを抱く自分を許し、「よしよし」と抱きしめてあげましょう。「やっぱり私はダメだ」とするより、「ネガティブな思いはあるけど、オッケー」とするほうがいいのです。

「お金はないけど住むところはある」「部屋は散らかっているけど、棚は片づいている」といった「あること、できること」を見続け

MACO

MACO

兵庫県生まれ。引き寄せ実践法アドバイザー・メンタルコーチ。三つの大学・大学院を修了し、脳科学やNLPコーチングなどで知識を深める。試行錯誤の末に、ネガティブ思考が強かった自分にしっくりくる方法を見つける。セミナーや講座は即日満席となるほどの人気。オフィシャルブログ「ネガティブでも叶うすごいお願い」https://ameblo.jp/hikiyose-senzaiishiki/

ること。そうすれば、流れはかならずよくなります。

思考や意識を変換し行動すれば効果アップ

この世界にあるすべてのものは、エネルギー（素粒子）でできています。思考や意識のように目には見えないものも、じつはエネルギーです。

幸運や金運を引き寄せるには、まずはこの**思考や意識のエネルギーをイメチェンすることが大切です**。「自分がどんな世界、未来をつくりたいか」を決めて、「そうなる！」という意識を宇宙に送り出しましょう。すると、意識のエネルギーが、世界（未来）をつくるエネルギーをギュッと集めて、物理化するというプロセスが起こります。これが宇宙の法則であり、引き寄せの法則なのです。

宇宙はアクティブな人が好きです。意識を送ったら、「いいな」と思うことや「今できること」は、どんどん行動しましょう。**行動すればするほど引き寄せの働く作用点がグッと増え、お金や幸運を手にするチャンスも増えてきます。**

どんな思いや行動がきっかけとなって、引

き寄せが起こるかはわかりません。気楽に考えて行動し、後は宇宙に任せておけばいいのです。

たとえば「掃除できる自分になる！」と決めたら言葉にして声に出し、意識のイメチェンを何度も練習して、実際に行動します。そしてそれをくり返して、習慣にしてしまいましょう。引き寄せには、**「思考→行動→習慣」**の3ステップが重要だからです。

この「習慣づける」ことはとても大事なのですが、一番難しいことでもあります。有効なのは、自分がやりやすい意識や行動に出会うこと。「ステキな部屋を手にする」と決めたら、「じゃあ、今日の私は何をしたいかな」と自分に問いかけてみます。

「今はこの場所を掃除する」と決めたら、思いのまま行動するのです。それを毎日くり返すことで、いつしか習慣になります。習慣化できれば、波動がアップして金運がついてきます。

今は「片づけられない」と思っていても、オッケー。思いや感情と違っても、意識をイメチェンさせるために**「私はきれいな部屋を手にする」と声に出していい続けることが大切**です。

思考→行動→習慣で運気を上げる！

最初はうまくできないかもしれません。少しずつでもいいので練習し、「今日はできるかも」と思ったら行動してみることです。

お金がほしいではなくどうしたいかを決める

そもそも、なぜ私たちはお金を得たいと思うのでしょう。人間は本来、たくさんのすばらしい体験をしたい生き物で、「もっとよくありたい、もっと豊かさを感じたい」という本能があります。そして、その体験をするには、多くの場合お金が必要です。

人はお金をつかうことによって体験の幅を増やします。そして、自分の願う生きかたを叶《かな》える「内面の充実」や「満足感」につなげているのです。

だから、**お金を得ることよりも、「お金を得た私はどうしたいか」をイメージすることが大切**です。引き寄せたいものを、お金を支払うことで得られる「もの・こと・感情」に焦点を当てます。注意したいのは、お金は「自分の意識によって新しく創造する」と考えること。「どこかの、誰かのお金を引き寄せて奪う」というイメージは、エネルギーレベルを下げてしまいます。

また、意識して過ごしていても、「今日はツイてなかった」「ムダに過ごしちゃった」という日もあるものです。**反省したまま1日を終えるのではなく、「これはこれでよし。私はこれをバネにしてステップアップできる」と意味づけを変えましょう。**そうすることで、すべてがいい方向に向かっていきます。

価値観を変えて流れをキャッチする

「お金」もエネルギーそのものなので、その姿形はさまざまに変化します。手元にやってくるときには、お札や硬貨のような**「現金」の姿で現れるとは限らない**のです。

では、具体的にどんな姿でやってくるのかを大まかに整理すると、次の7つのパターンに分類されます。これを知っておくと、悩みや不安が軽減されるでしょう。

・仕事などで収入がアップする
・臨時収入がある
・ものをもらう
・お金がかかることをやってくれる人が現れる
・お金がかかることの支払いをしなくて済む
・お金（仕事）につながる情報が入ってくる

・（忘れていたところ、ないはずのところなどの）空間からお金が出てくる

また、お金やものの値段には、それに付随する「価値」が隠れていることを意識しましょう。たとえば、スーパーでお惣菜の値段を見て「ちょっと高いなぁ」と思ったときには、ぜひ想像してみてほしいのです。

その商品にはつくる人や運んでいる人、売っている人といった、**多くの人の手（エネルギー）と時間のエネルギーがたくさん詰まっている**ことを。それを含めて、ものの値段は決まっているのです。

こうしたイメージができる想像力を磨いていくと、「多くの人の労力があったから商品を手にできる」「ありがたい」という気持ちが自然と湧《わ》いてきます。お金をつかうときに、関《かか》わっているすべての人に感謝できるようになることが、金運アップには不可欠です。

お金を使うときは関わっているすべての人に感謝する

片づいた居心地いい部屋はエネルギーが集まりやすい

「気分よく過ごせている」「心から感謝したくなる出来事がたくさんある」などといったことも、お金のエネルギーの形の一つと捉《とら》えましょう。私たちが「それに気づこうと決める」だけでも引き寄せ力は上がります。

感謝の気持ちをもつことはもちろん、引き寄せの法則を働かせるには、**整った環境、つまり片づいた部屋が欠かせません**。宇宙の観点から見ると、空間をきれいにしていたほうがよいエネルギーが集まりやすくなります。あなたが毎日を過ごしている部屋を片づけ、きれいに掃除して、**居心地のいい空間にすることで、エネルギーがアップする**のです。私自身、本当に必要なものしか置かない主義にしていて、部屋が散らかることがないようにしています。ものが少ないと掃除もラクになりますよ。

また、掃除においては「やりたくないから今はやらない」と決めるのか、「面倒だけど、さっさと片づけてやりたいことやったほうがすっきりする」と決めるのか、悩む人も多いようです。そんなときこそ、「どうしたら最

終的に自分が心地よくいられるか」で決めましょう。自分の波動が下がらないように自分の心に聞いて「今やるかやらないか」を決め、それにしたがって行動すればいいのです。

お金がめぐることで みんなが幸せになる

私がお金をつかうときは、「このお金は、働く人や地域社会、宇宙の役に立っているんだ」「多くの人を幸せにして豊かにしているんだ」と考えています。これは、お金の受け取りについても同じこと。お金は「感謝」の気持ちを表すものであり、自分がお金を得られるのは、「仕事などを通じて誰かの役に立ち、社会に貢献している」からなのです。

人に貢献してお金のエネルギーを受け取り、そのお金をいろんな体験につかい、社会や宇宙に貢献しながら循環させていきましょう。そうすることで、お金を出す人も受け取る人も、人生がますます豊かな体験で満たされていきます。

人を満たすことができる人は、自分を満たすこともできる人です。**満ちたりて幸せな人のところに、人や情報、お金のエネルギーもどんどん集まってきます。**

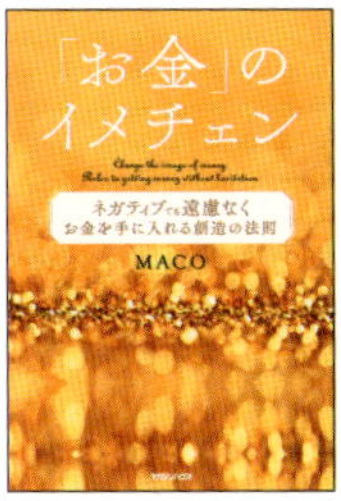

「お金」のイメチェン
ネガティブでも遠慮なくお金を手に入れる創造の法則

著者：MACO
出版社：マガジンハウス／定価：1,400 円（税別）
ネガティブでも引き寄せできる方法を伝授する MACO さんが、「お金の引き寄せ」についてまとめた一冊。お金の引き寄せの大原則とともに、引き寄せるための思考と行動、習慣を身につけられる。体験談、引き寄せる言葉も散りばめられていて、指南書になる本。

これは、専業主婦のかたなど、「すぐに収入アップするのは難しい」と考えがちな人にもあてはまります。家族のことを考えて家を掃除することで臨時収入があったり、子どものお祝いをもらったりと、**お金のパワーはさまざまな形で現れてくる**のです。

私は、お金の引き寄せをベースに、周りの人も自分も満ち足りてみんなで幸せなお金持ちになれたらステキだなと思っています。

よいエネルギーを集めるには、まず部屋を片づけて空間を整えること。そして、ワクワクと楽しみながらお金の引き寄せを実践してみてください。そうすることで、これまでとはまったく違う、新しい人生が現れてくるでしょう。

ポイント

- ネガティブ思考は「私はできる」と言葉で書き換え、波動を変える
- 片づいた心地のいい空間には、お金のエネルギーが集まってくる
- お金の価値観を変え、感謝と満足感を得ると、お金が循環する

高収入実現のための集中力は、片づけをすれば手に入る！

高収入を手に入れるためには、じつは片づけや掃除が大きく関《かか》わっています。その鍵は、集中力！片づけと掃除をするだけで、仕事にもプライベートにも応用可能な集中力を身につけることができるのです！

脳のしくみを活用すれば高い収入を手にできる

年収が高い人やお金持ちは、部屋が片づいています。それは集中力の高さに関係しているのです。

集中力は生まれながらに備わったものだと思われがちですが、そうではありません。**集中力は、そのしくみを知り、トレーニングを積むことで身につけられます。**

集中力を手に入れると、家事や仕事などの作業が短時間で終わり、プライベートを充実させられます。たとえば、ワーキングマザーのかたなら、育児・家事、仕事を楽に両立できるうえに、仕事で評価を得て、高い年収を手に入れることが可能です。専業主婦のかたなら、余った時間を使って趣味を収入につなげることもできるでしょう。趣味の本を出版している主婦ブロガーなどが、まさにその例です。

「集中力の源」は前頭葉にあります。前頭葉は、「思考や創造性を担う脳の最高中枢」と考えられています。人間は進化の過程で前頭葉を大きくしてきました。そこから生まれるのが思考や感情をコントロールする力、「ウィルパワー」なのです。

ウィルパワーには一定の量があり、集中力を使うたびに少しずつ消耗していきます。しかも、ウィルパワーの出どころは一つしかありません。遊びと家事といったまったく関係ないはずの行動でも、使われるウィルパワーの出どころは同じなのです。つまり、仕事や家事の息抜きのつもりで遊ぶと、余計に集中力を消費してしまうということが起こるのです。

逆に、使えるウィルパワーの量を増やせば、集中力を鍛えることができます。その方法は至ってシンプル。一つはトレーニングによって総量を増やすこと。もう一つはウィルパワーの消費量を、日々の行動や習慣を変えることによって節約していくことです。じつは、**部屋を片づけることも、ウィルパワーを節約する方法の一つなのです。**

選択や迷いが多いほどウィルパワーは消耗する

説明したとおり、集中力を要する作業には前頭葉を使います。ただし、「**習慣化**」**すると同じ作業を小脳が代わりに担ってくれるようになります。**たとえば、自転車の運転は、一度覚えれば、無意識でバランスを取ること

Mentalist DaiGo

メンタリスト DaiGo

人の心を読み、操る英国発祥の技術「メンタリズム」を日本のメディアに初めて紹介した日本唯一のメンタリスト。外資系企業の研修やコンサル、大学の特任教授なども務めている。『一瞬でYESを引き出す心理戦略。』（ダイヤモンド社）、『限りなく黒に近いグレーな心理術』（青春出版社）ほか、著書多数。累計で200万部を超える。公式ウェブサイト http://daigo.jp/

ができますよね。これは小脳が働いているからです。すると、同じ作業でも前頭葉が疲れにくくなります。**つまりウィルパワーの消費量が減り、集中力を発揮できる時間が延びていくのです。**

「集中できる人」は、このしくみをうまく使っています。一つの行動に集中してウィルパワーを節約し、残ったウィルパワーで新しい習慣を身につけることで、さらに余ったウィルパワーで新しい習慣を身につける……というサイクルをくり返しているのです。逆に、「集中できない人」は、あれもしたい、これもしたいと考えるだけで、結局何も始められないという状況に陥りがちです。

また、**選択する回数が多く、「迷い」が多ければ多いほど、ウィルパワーを消耗します。**何かを選択するときに使うエネルギーと集中するときに使うエネルギーは、同じウィルパワーだからです。

この法則を知っていれば、生活は自然とシンプルなものになります。要するに、もち物と選択する場面を減らせば、集中力を使える時間は自動的に延びていくのです。

たとえば、スティーブ・ジョブズは公の場に出るときはいつも黒のタートルネックと

写真：鶴田孝介

ジーパンにスニーカーという同じ服装でした。「服を選ぶ」ことにストレスを感じる人は多いですが、ジョブズはその**ストレスフルな選択を「しくみ化」で排除していたのです。**

創造性を発揮するためにだけウィルパワーを使うには、暮らしからムダな選択を減らすことが重要。ジョブズの服を同じものにするというのもその対策の一つです。女性には毎日同じ服というのは厳しいでしょうが、ワードローブを見直して整理すると洋服選びに迷わなくなります。

目的に向けて**集中できる人は、この「習慣化」と「しくみ化」でウィルパワーを節約しているのです。**掃除や片づけがじょうずな人はまさにこの典型でしょう。

先送りにすることで起こる決定疲れという罠《わな》

くり返しになりますが、意思決定する場面を減らせば減らすほど、ウィルパワーは節約することができます。たとえば、毎日の家事は意思決定の連続。食後の皿洗いに意思決定など要らないように思えますが、満腹になると、「後にしようか」と迷うこともあります。これも意思決定の一つ。

このように、脳は行動によって疲れるのではなく、小さな意思決定の連続で疲れていくのです。**やるべきことを後回しにすると、いつまでも、やるかやらないか、という意思決定が必要になり、何もしていなくても疲れがたまっていきます。**これが**「決定疲れ」**と呼ばれるものです。

雑事ほど判断しなくてもいいしくみをつくるようにしましょう。「どうしようかな、今はやめておこうかな」と、悩む余地を残さないこと。しくみ化とは、意思決定するべき課題を即座に処理してしまうことなのです。

先ほどの皿洗いの例でいえば、私は意思決定を減らすために、「シンクにもって行ったら、すぐに洗う」と決めています。これもしくみ化といえるでしょう。

「とりあえずボックス」で集中できる環境づくり

学生時代、テスト前になると部屋の掃除をしたくなった人も少なくないと思います。この、やらなければいけないことがあるのに関係のないことを始めてしまう現象を、心理学で**「セルフ・ハンディキャッピング」**と呼びます。**大事なことの前に「違う作業」へ逃げ**

て自分にハンディキャップを課すことで、失敗したときの言い訳を準備しているのです。「試験がダメだったのは、部屋の掃除をしていたからだ」、と。

セルフ・ハンディキャッピングは集中力を奪います。本来やらなければならないことの前に、さまざまな取捨選択をしてしまうため、いざというときにはもうウィルパワーが残っていないこともあります。

こうしたムダな予防線を回避するには、事前にその芽を摘《つ》んでおくことです。つまり、部屋から不必要なものを片づけておくのです。そして、やらなければならないことに関する道具を、つねに用意していつでも作業に入れるようにしておくことが基本です。

私の場合、仕事と勉強に関係のないものは一切置かず、机の上にノートを開いたままにして、すんなりと仕事に取り組める環境にしています。「片づけたい」という誘惑が起きるのを未然に防いでいるのです。

ですが、そこまでの環境はつくれないという人も多いでしょう。そんな人におすすめなのが、**「とりあえずボックス」**です。大きめの箱を用意して、読みかけの本やスマホなど、目的に無関係ないモノを問答無用で放り込んでいきます。
集中の妨げになるものを減らせるだけでなく、この大きなアクションが、集中力のスイッチにもなってくれます。できれば、箱にフタをしたり、棚に置くなどして、中身が目に入らないようにすると効果的です。というのも、**人は視界に入るものに誘惑されやすいので、気を散らすものを視界から離れた場所に置けば、意識の外にも追い出せるからです。**

身の回りを整えれば、部屋に入った途端に目的に集中できるようになります。部屋や机をきれいな状態に保つという「片づけ」を「習慣」にしてしまい、ウィルパワーを消費せずにできるようになるのが理想です。

大掃除の前には今後の目標を考えよう

ここまで、日常的な片づけについて説明してきましたが、断捨離や大掃除など、大幅な片づけをする場合についても触れたいと思います。そういった場合には、**まず、今後の目標を考えることをおすすめします。**紙とペンをもってカフェに行き、今後の目標やりたいことを書き出してみましょう。

ところで、考えごとをするには静かな図書館よりも多少雑音があるカフェのほうがおすすめです。創造力をかき立てるのに最も適した騒音は70デシベルといわれていますが、まさにカフェがそのくらいなのです。そして、紙とペンだけでスマホも置いてカフェに行けば、誘惑がないので集中できます。

さて、一通り書き出したら、その目標を達成するために、何が必要なのかを考えてみましょう。目標達成に寄与しないものは、不必要なもの。買う必要のないものですし、もっていれば捨ててもよいものです。これが定まると、片づけは一気に進みます。

ものが多いと迷いも多くなります。捨てたらどれだけ自分の心がスッキリするかを考えてみましょう。**捨てるのは「もの」ではなく、「迷い」です。**捨てることによって、生産性も上がっていきます。目標達成に役立つもの以外はほぼ不要なものと割り切り、捨ててしまいましょう。また、捨てるときには、なぜそれを捨てることになったのかをあらためて考えると、余計なものを買わない習慣が身につきますよ。

とくに「いつか使えるだろう」と、何でも取っておく習慣は最悪です。選択肢が増えることで、「あれがあったな」「今なら使えるか

自分を操る超集中力

著者：メンタリスト DaiGo
出版社：かんき出版／定価：1,400円（税別）
もともと集中力がなかったという著者が、心理学や脳科学の専門書を頼りに長い試行錯誤の末、生み出した、自分の心を操る「行動と集中力の絶対法則」を初めて明らかにした1冊。「集中が続かない」「仕事や家事で毎日疲れている」というかた、必読。

も」と行動するまでに迷いが生じ、ウィルパワーが消費されてしまうからです。

しかも、奥にしまいこんだり、時間をかけて収納すると、結局取り出すのに時間がかかったり、どこにしまいこんだのか忘れて結局使わずに終わることもあります。収納とは、ものがどこにあるべきかを考えること。置く場所が決まらないものは、捨ててもよいものなのです。

片づけの基準をつくり捨てる判断をしくみ化

それでもなかなか片づけられない人は、**片づけるための基準をつくりましょう**。基準とは、簡単にいえば「自分の人生に必要なものは何か」です。捨てるか捨てないかの判断基準も、使えるか使えないかではなくて、自分の人生に価値を与えてくれるかどうかです。

たとえば私の場合は、いかに本を読む時間や新しいことを体験する時間を増やせるか、が基準になります。これにプラスにならないものはどんどん処分しますし、購入もしません。ものを捨てるときには、使えるか使えないかを考えるのではなく、この基準に照らし合わせて自動的に捨てるようにしています。

自分の人生に必要なものが何か、分からないなら、理想の1日を想像してみましょう。そして、そこに登場するものを考えてみてください。出てこなかったとしたら、それは要らないものです。捨てるのがもったいないなら人にあげてしまいましょう。

あなたの人生に不要なものがどんどん減っていき、必要のないものを片づけ、整理する時間と労力を節約できます。そうして、本当に大切なことに使う時間と余裕が生まれます。

この考えかたをもつことができれば、もったいなくて手放せないという感情がなくなります。手放せば手放しただけ、あなたの人生はより充実し、よい暮らしも手に入れられるのですから。

ポイント

お金持ちは集中力の高めかたを知っている
「片づけ」は、集中力を起動するスイッチ
片づけるために基準をつくるのがおすすめ

神棚マイスターが教える
大成功を導く神棚の祀《まつ》りかた

to be Rich

最近の家では見られなくなってきた「神棚」。
神棚を正しく祀り、日々感謝と祈りを捧げることで、
神さまがあなたの部屋に現れます。
神棚をいつもきれいにすることで、部屋もおのずと
清らかな空間になるでしょう。

神さまの「居場所」をつくり福を招き入れましょう

私は、木材商社の社長として、木の素晴らしさや大切さを多くの人たちに伝える仕事をしています。そして同時に、「神棚マイスター」として、一般家庭や企業などに、神棚をお納めする仕事もしています。

あなたの家には、神棚がありますか？　最近の家やマンションでは、神棚がない家も多いようですね。

あなたの部屋に「福の神」がやってくるとしましょう。神さまは、玄関から入って、辺りを見渡して、さて、どこに「居場所」を見つけると思いますか？

お客様用の座布団や、リビングのソファに座るでしょうか？　そうではないでしょう。**神棚があれば、神さまは安心してそこに居てくださるのです。**

神さまは目に見えません。「目に見えない存在」を意識するのは難しいことです。「居場所」をつくるということに、疑問をもつ人もいることでしょう。

しかし、特定の宗教を強く信仰していないという人も、食事の前には「いただきます」と手を合わせると思います。お正月に初詣《はつもうで》に出かけ、神社に行けば自然と頭を垂れて神さまに話しかけるはずです。

神さまは、あなたが意識していなくても、心のなかに根づいているのです。神棚を祀るというのは、そうした習慣の延長線上にある、ごく自然な行動なのです。

神棚を取りつけ、そこに神さまを意識すれば、いつでも神さまが見ていると感じるようになります。日常の行動一つ一つにも注意を払い、いい加減なことはできなくなるはずです。そうすれば、仕事や家事にも真摯《しんし》に向かおうという気持ちが生まれます。これが神さまが力を貸してくださるということなのです。

ですから、部屋や会社に神棚がある場合は、きれいに掃除をして、正しくお祀りできているかチェックしましょう。神棚がないという場合は、ぜひ神さまの「居場所」をつくってあげてください。

倒産した会社の8割以上が神棚を祀っていなかった！

あなたは、どんなお金持ちになりたいですか？　「とにかく資産を増やしたい」「会社での地位を上げたい」「夫に出世してほしい」

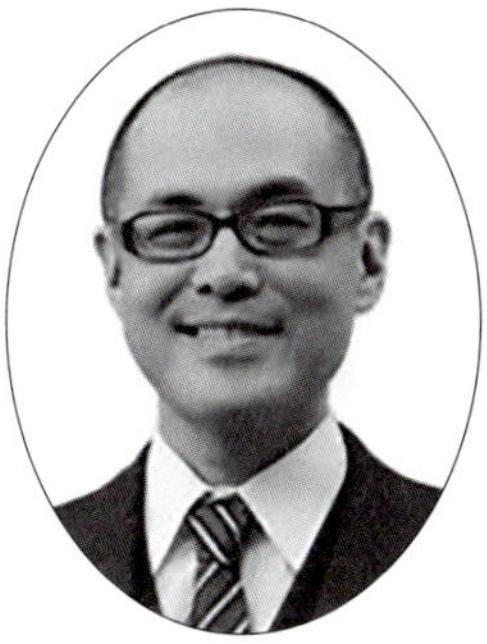

Kubodera Nobuhiro

窪寺伸浩

神棚マイスター。クボデラ株式会社代表取締役社長。神棚の大切さと存在意義を普及する活動を行なっている。会社は「木を哲学する企業」として社寺用材の納入や神棚セットの販売を行なっている。東京都神社庁御用達。著書に『あなたの部屋に神様のお家を作りませんか？』（牧野出版）などがある。公式ブログ「神棚マイスターによる開運神棚講座」http://www.kubodera.jp/blog/

といったものでしょうか？

しかし私は、こういった「社会的成功」だけが、真の幸福ではないと考えています。もし巨額の富をもっていたとしても、あなたが入院したときに誰もお見舞いに来なかったら？　家族も友人も、あなたの苦労をねぎらってくれなかったら？　……さみしい人生だなと感じるのではないでしょうか。

私は、「社会的成功」だけでなく、周囲の人たちにも恵まれた「人間的成功」も目指してほしいと思っています。**この両方の「成功」を手にした「真の成功者」になるために必要なのが、「神棚を祀り、神社に参拝をすること」なのです。**

神棚や神社に頭《こうべ》を垂れ、日々感謝することは謙虚な心を養います。神さまの存在を意識し自身の行動を律することは、倫理観を磨くことにつながるでしょう。急に社会的な成功を手にした人が忘れがちな心です。「社会的成功」に加え「人間的成功」を手にするためにこれらの心は欠かせないものなのだといえるのではないでしょうか。

事実、成功している会社の多くは、社内に神棚を取り付け、きちんと祀っています。年間１０００社におよぶ倒産現場を調査する、ある信用調査会社の報告によると、**倒産した企業のうち85パーセントに、神棚がなかった**そうです。残りの15パーセントは、神棚があっても、「ほこりがたまっていて粗末に扱われていた」「お神札《ふだ》が倒れていた」という状態だったそうです。

神棚をきちんと祀っていたから倒産したのか、倒産するような経営をしていたので神棚まで意識がおよばなかったのか。その関係性はわかりませんが、これはまぎれもない事実なのです。

きちんと祀れば、自宅がパワースポットになる

最近では、パワースポットという言葉が一般的になってきました。パワースポットは、風水でいうところの、龍が休む「龍穴《りゅうけつ》」で、よい気があふれて吹き上がっている場所のことです。そこに足を踏み入れると、体内のよい気を増やし、人生を変えるくらいの強力なパワーをもち帰ることができるといわれています。

日本では、パワースポットと呼ばれる場所として、最も多いのが神社です。じつは、**あなたの部屋のなかにもパワースポットをつくることができます。それが、神棚です。**

神棚のなかのお宮（宮型）は、ミニチュア版の神社です。神棚の棚板は樹齢５００年、１０００年の木でできています。また、神棚に祀られるお神札は神社でいただくものです。

ですから、神社を模した神棚は、パワースポットそのものだといえます。パワースポットに出かけてパワーをいただくのもいいですが、自宅や会社にパワースポットがあれば最強だと思いませんか？

神棚を掃除すると部屋もきれいになる

神棚は、家庭や会社の小さな神社です。つまり、神さまがお住まいになっている場所です。ですので、神棚はいつもきれいに保つようにしましょう。

神さまは「掃除をしなさい」と、クレームをつけることはありません。しかし、ホコリをかぶった神棚は、神さまのお住まいとしてふさわしくありませんよね。

神棚の掃除を心がけるようにすれば、おのずと「部屋も片づけよう」という気持ちになるものです。神棚だけがピカピカに磨かれているのに、部屋がぐちゃぐちゃということは

掃除の後は正しくお供え！

米・水・塩・酒は毎日拝礼前に取り替える。米・酒は「お下《さが》り」としていただき、塩はお清めに使おう。

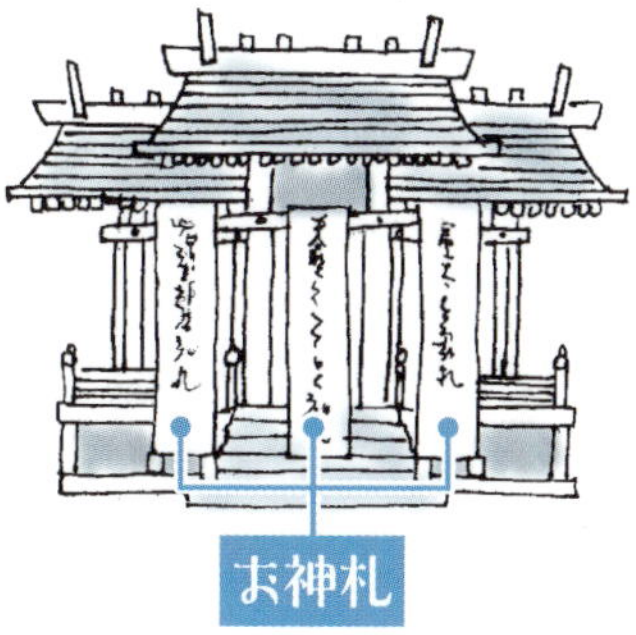

中央に「天照大御神《あまてらすおおみかみ》」、右に地域を統治する「産土神社《うぶすなじんじゃ》」の神さま、左に毎年お参りに行くようなつながりのある「崇敬神社《すうけいじんじゃ》」の神さまという順でお祀りする。

ありえないからです。また、誰かに注意されることがなくても、場所を率先してきれいにするという心は、仕事や金運のアップにつながります。

「気持ちがいいな」と感じる神社は、掃除が行き届いていて、すがすがしい空気が流れていますよね。神棚も、部屋も同じです。

神棚の掃除は、毎日行なう必要はありません。毎月の何日というように日を決めるといいでしょう。

お手入れは、専用の乾いたふきんで行ないます。神棚は木でできているので、水ぶきをすると、木が水分を吸って割れてしまうことがあります。水も洗剤も使わないので、掃除は意外と簡単ですよ。

念入りにすみずみまで掃除するのは、1年に1回ほどでよいでしょう。お神札を新しいものに取り替えるタイミングで、行ないましょう。

神さまが聞いてくれるのは「願い」ではなく「祈り」

神さまは、基本的に単純な「お願い」は聞いてくれません。「お金持ちになれますように」「いい会社に就職できますように」といった、個人の願望や、自分だけに都合がよい願いは、どれだけくり返しても、神さまは聞いてくれないのです。

神さまの世界では、誰かが損をして、誰かが得をするということはありえません。ですから、**「自分だけは得したい」といった自己中心的な願いを、神さまの力で叶《かな》えてもらおうとすることはムリがあります。**

では、神さまが聞いてくださることとは何でしょうか。それは「祈り」です。

たとえば、お金がほしいのであればまずお客様の繁栄を願い、無事に商売ができてきたことや、お金を手に入れてきたことを感謝し、これからもお金が入り続けますように祈願しましょう。これが「祈り」です。

「祈り」というと、額にシワを寄せながら、神棚にブツブツとつぶやくようなイメージがあるかもしれません。しかし、「祈り」は、もっと明るくていいと思います。

あなたが仕事をすることで、たくさんの人が幸せになり、社会や世のなかがよくなる……そんな、自然と笑顔があふれるような祈りは、あなたに積極性を与えてくれるでしょう。きっと神さまは、あなたの強い意思と実行力を見てくださり、想いを叶えてくれると思いますよ。

四つのステップで部屋に神さまが現れる

私たちには、神さまの姿を見ることができません。ですが、神棚を取りつけて、手を合わせることで「神さまはここにいらっしゃる」と意識することができます。

霊能力があれば、神さまの姿を見たり、神さまの声を聞くことができるかもしれません。しかし、私たち一般人は、形式や形を通して初めて、神さまや仏さまといった、見えないもの、聞こえないもの、触れられないものを感じることができるのです。

家庭や会社で、「掃除」、そして「あいさつ」

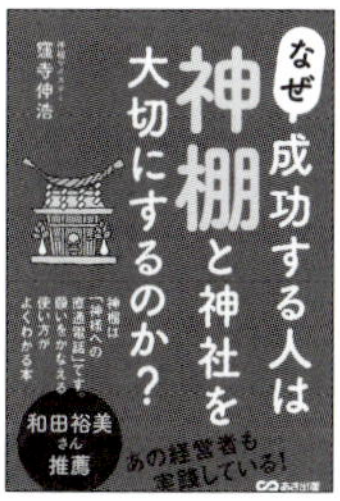

なぜ成功する人は
神棚と神社を大切にするのか？

著者：窪寺伸浩
出版社：あさ出版／定価：1,500円（税別）
神棚は、会社や家庭のなかの小さな神社であり、神さまと私たちをつなぐホットライン。神棚を正しく祀ることで、感謝や祈りを神さまに伝えることができます。神棚の意味、選び方、祀り方を知り、神様をすぐそばに感じる毎日を送りましょう。

を徹底している例は多いものです。これは、人として「きちんとする」ことを目指しているからです。

「掃除とあいさつをきちんとする」という形をくり返していけば、いつか本当に「きちんとした人」になります。神棚を祀るのも同じことです。「形より入って心に至る」というものなのです。

神棚という「形」を整えると、そこに神さまに対する「敬《うやま》い」が生まれます。そして日々、「感謝」と「祈り」をすると、その場に魂が吹き込まれます。

最後に、神さまをお招きするための手順を簡単にまとめておきましょう。次の四つの手順を行なえば、あなたの部屋や会社に、神さまが現れるのです。

①神棚を設置する
……神さまを、自分のなかや会社のなか、家のなかにお招きするための準備です。神さまとのご縁を自覚することにつながります。

②神棚を祀り、米・水・塩・酒を取り替えることを習慣化する
……神さまが現れるための前提となります。

③神棚を感謝の場にする
……自分の不足を数えるのではなく、与えられていることすべてに感謝をします。

④神棚を「祈り」「いのちののりごと」「生命の宣言」の場にする
……「祈り」を通して、大きな生命のつながりを自覚します。そして、自分の志や天命、使命を果たすことを誓います。

賃貸マンションなどで、神棚を置くことができないという場合は、サイドボードの上などに神棚を設置してもよいでしょう。

神棚は、自宅や会社をきれいに掃除し、清めるきっかけにもなります。毎日、神さまの存在を感じられるパワースポットを、ぜひあなたのそばにつくってみてくださいね。

ポイント

- 神さまの居場所である神棚をきれいに掃除しましょう
- 神さまに届けるのは「感謝」と「祈り」
- お金と人間関係に恵まれた「真の成功者」を目指しましょう

アドラー心理学を応用。心が楽になる片づけ術

to be Rich

片づけができない、自分にイライラ……。そんな自分を否定せず、「不快」な感情のなかに「なりたい自分」を見つけるのがアドラー流お片づけです。自分自身の居場所が見つけられ、やがては幸運もやってくるのです。

なりたい自分に向けて小さな「快」を重ねる

「片づけができずに劣等感を感じて落ち込んでしまう」、あるいは「せっかく片づけたのにすぐに元の木阿弥《もくあみ》になってイライラが募《つの》る」……。そんな人に取り入れてほしいのが「アドラー流」の片づけ術です。

アドラー心理学では、**劣等感やイライラを否定的に考えません。**「劣等感がある」ということは、「もっとよくなりたい」という思いや理想があるからこそと考えます。

今、あなたの家が片づいていないとしたら、その状態をもたらしているのはあなた自身です。だいじょうぶ、これは、あなたを否定しているのではありません。

つまり、これまでのあなたは、**片づけるよりも片づけないことに、より大きなメリットを感じていた**ということ。たとえば、「休日くらいゆっくりしたい」「片づけられない私も認めてほしい」など。その理由はあなたが自分を守るため、傷つかない目的のために、自分で決めたことだったのです。

片づけられない人の多くは、「なぜ片づけられないのか？」と、原因を探りがちです。しかし、アドラー流お片づけでは、原因を追究するのではなく、「部屋が片づいたら、そこで何がしたいか」という未来のイメージを描きます。それは**「どんな自分になりたいか」と目的を再設定し、今ここからを生きる方法**でもあるのです。

アドラー心理学では、どんな感情も〝目的〟をもって表れていると考えます。気持ちいいと感じる「快」の感情だけでなく、「不快」な感情も、あなたの本心からの大切なメッセージ。

だから、「服が取り出しづらくてイライラ」するのは、「本当はさっと着替えて出かけたい」という自分の本心の表れととらえ直すこともできます。すると、イヤで面倒だった片づけも、なりたい自分になるための創造的な、自分を大切にする時間として楽しむことができるようになるのです。

もし、イライラしている自分に気づいたら、それを書きとめていくのもいいかもしれません。どんな些細《ささい》なことでも、一つずつ「どうすれば快適になる？」と考え対処してみましょう。すべてのイライラポイントがなくなったときには、部屋全体が自分にとって心地よい空間に変わっていることはもちろん、「不

Maruyama Ikumi

丸山郁美

1979年生まれ、2児の母。出産後、部屋が片づかなくなり、イライラが募る。ものを捨ててみたものの今度は散らかす家族を責めるように。その後、心が安定する暮らしを目指しアドラー心理学を片づけに取り入れ「快」の感情しか感じられない家をつくり上げる。現在「勇気づけホームオーガナイザー」として、片づけに悩む人々に講演・カウンセリングを行ない、勇気づけの大切さを伝えている。公式HP: http://kigaru-okataduke.seesaa.net/

快」を「快」に変換できたことで、**自分に対する自信も積み重なっていく**はずです。

自分の価値観で片づけと向き合う

あなたがものを捨てられない理由を探っていくと、「すべてのものの向こうに相手がいる」ことに気づくでしょう。「もう古くてつかわないけど、お母さんからもらったものだから」「学生時代に仲間とつくった思い出のものだから」など。**ものは単なる物体ではなく、かならず人の記憶と結びついています。**

アドラー心理学では、人の感情や行動には相手があり、この相手との関係があらゆる悩みにもなり、喜びにもなると考えます。これを片づけにも応用して、あなたはこれから、ものの向こうにいる相手とどういう関係になりたいかを考えてみましょう。

たとえば、子どもたちによって汚されたソファを「不快」と捉《とら》えているとしたら、このスペースで「本当はどういう親子関係を築きたいの？」と考えてみてください。もしかすると、汚れたソファこそが、大らかな私でいられる「快」のアイテムかもしれないのです。

また、アドラー流お片づけにおいては、自

分に向けた**「勇気づけ」**もとても大切なポイントです。どんなに「何もできなかった」と思う日でも、自分が自分の一番の味方になって優しい目で見てみると、かならず「できた」ことが見つかるはずです。

たとえすべて片づいていなくても、**努力している過程を自分自身で認めてあげましょう**。自分を勇気づけることは、決して恥ずかしいことでも、遠慮することでもありません。

これを続けていると、多少片づいていなくてもネガティブな感情は起こらなくなります。そして、じょじょに片づけが楽しくなってきます。

大切なものと心地よく
仲良く暮らせる部屋を

それでは、具体的に片づけの作業に入っていきます。まずすることは「イメージ」。その部屋で何をしたいのか、どう過ごしたいのかを思い描くことです。部屋の内装ではなく、**あなたや家族がどんな気分で過ごしているか**が重要です。

難しければ、さきほどの「イライラチェック」を思い出しましょう。「机の上がごちゃごちゃでイヤ」だったら、逆に考えると「すっきりした机でコーヒーが飲みたい」といったイメージが湧《わ》いてきますね。

どう過ごしたいかがイメージできたら、次は「整理」です。「整理」のステップは、「出して」「分けて」「減らす」です。とにかく、まず全部出してしまいましょう。出すことで、収納スペースの大きさが把握できます。

ただし、家中の収納からものを出すのはとても大変ですね。ですから、引き出し一つや棚1段など、小さい場所からでだいじょうぶ。それなら短時間でできるし、イメージしやすいはずです。

全部出したら、分ける作業です。分類の基準は**あなたの価値観**でいいのです。分類ができたら、そのなかから手放すものを仕分けします。分ける基準は「快」か「不快」かの感情です。

なかには手放すものが分けられない人がいます。でも、本当に大切なのは「捨てる」ことよりも、「大切なものといかに仲よくなるか」ということ。

どんなものと一緒に過ごせば自分が心地よく快適に暮らせるか、自分が幸せでいられるかを考えて、ものから「卒業する」気持ちで進めてみてください。

「使う場所」に「使うもの」。ものの定位置を決める

これからの暮らしに必要なものがわかったら、ここでようやく「収納」です。**この場所で自分は何をしているのか、**を考えると、この場所にあってほしいものが見えてきます。そして、使う場所に使うものを収納するためには、どんな収納グッズが必要か、という順序で考えると定位置が決めやすくなります。

収納というのは基本的には、引き出しにしまうか、棚に並べるか、吊《つ》るすか、この3パターンしかありません。そして、そこには、正解も、不正解もありません。

洋服はたたむのがいいか吊るすのがいいか、ディスプレイのように棚に並べるのがいいか。**あなたにとって心地よい方法ならばどれも正解**なのです。「快」「不快」に素直にならずに見かけ優先で収納を決めてしまうと、いずれリバウンドします。

なぜなら片づけをするとき、まるでモデルルームのような部屋を目指しても、「あなたらしさ」がないからです。自分のライフスタイルや生活環境に合わない部屋をつくっても、使い勝手や居心地が悪ければ、リバウン

Clean up

ドして当然。自然の摂理だったのです。

あなたの部屋の主人公はあなたです。ものの配置も収納も、あなたの自由にしていいのです。あなた自身が幸せでいられる部屋をつくるという考えで片づけをしていくと、リバウンドすることもなくなるでしょう。

「居場所がある」ことが「きれい」よりも大切

あなたは「片づけ」ることと「掃除」することを、同じだと思っていませんか？ ものを片づけながら掃除をするという人は多いと思うのですが、あっちへ行ったりこっちへ行ったり、ムダな動きが増えるばかりで効率も悪く、疲れるばかりです。

片づけと掃除は別のステップだと考え、別々に時間をつくるほうが、むしろスムーズに進みます。たとえば、「片づけの時間は寝る前」と決めて、決めた時間にその日に出しっぱなしにしていたものを元の場所に戻します。1日中「片づけなきゃ！」と考えるのではなく「後でリセットするからいいや」と、あなたの心を片づけから解放してあげる時間も大切です。

「掃除」は、たとえば朝家族が起きる前に行なうのはどうでしょう？ 昨晩寝る前に「片づけ」をして何も出ていない状態は、まさに「掃除」のゴールデンタイムです。

ただし、きれいにこだわりすぎると、ちょっとの乱れも気になり、自分の時間がどんどんなくなってしまいます。**散らかったり、汚れたりするのはあなたが生きている証拠**なのですから、「散らかること、汚れること」を肯定してあげることも必要です。部屋は「きれいであること」より「居場所がある」ことが何より大切なことなのです。

ここまでのステップがくり返せるようになると、部屋は気持ちよくすっきりした状態が保てます。

でも、暮らしはつねに変化しているもの。それに伴ってものの量や場所も変化し、それまで居心地のよかった部屋に急に違和感を覚えることもあるかもしれません。

この違和感は、**今より素敵な未来が訪れるサイン**。自身の暮らしの変化にイチ早く対応して、「見直し」を行ないましょう。そのタイミングや時期は、家庭によって周期が異なります。1年に一度だけ見直せば十分という人もいれば、季節ごとに見直したほうがよい人もいるでしょう。

あなたのお部屋がイライラしないで片づく本

著者：丸山郁美
出版社：かんき出版／定価：1,300円（税別）
「今まで片づけられなかったあなた」を否定せず、原因を考えないという、気持ちが楽になる片づけ方法。小さいスペースから片づける方法を具体的に提示。気持ちに逆らわず「快」「不快」の感情に着眼し、リバウンドせず自分も家族も幸せになる片づけのコツを紹介。

居心地よい空間は幸せの条件をみたす

アドラー心理学では、**「自己受容」**と他者に対する**「信頼感」**そして「周りの役に立っている」と感じる**「貢献感」**が**「幸せの三つの条件」**とされています。

部屋を片づけてあなたが心から安心できる「居場所」ができることによって、自分自身のことをもっと好きになり、この三つの条件のレベルが、自然に、総合的にアップしていきます。

そのうえ、あなたが、あなた自身の手で片づけた部屋は、居心地のいいすばらしい場所になっていることはもちろん、**自分を勇気づけてくれるものだけが集まったあなたの「パワースポット」である**ともいえます。すると、良運や金運も自然に舞い込み、手に入れられるようになるのです。

もしも忙しくて片づけが進まない人でも、どこか小さなスペースを1カ所決め、そこは毎日片づけると決めておきましょう。そうすれば、「ココだけはできている」「私はだいじょうぶ」と、自分への自信のベースが整います。

そうやって「できた！」の体験を積み重ねていくと、自分の存在価値が認められるようになり、心が満たされます。金持ち体質になるためには、この**「満たされている状態を保つこと」**がポイント。自分の価値に見合ったものにしっかりお金を使いながらも、見栄を張るための余分なものは買わず安心していられる……。お金の使いかたに、そんなメリハリがついてきます。

また、アドラー流お片づけを身につけることで、目的を意識した行動習慣が身につくため、貯蓄などの目標も達成しやすくなります。

がんばらないのに、生活すべてがうまくまわる。まさに夢のような暮らしが、片づけからスタートするのです。

ポイント

- 本当になりたい自分を知り大切なものと仲よく暮らす
- 家のなかは「きれい」より居場所があることが大事
- 自分に価値を感じられるとお金のつかいかたも変わる

Interview

「そ・わ・か」の「そ」。トイレ掃除でお金を呼び込む！

「楽しく幸せになる方法」を多くの人たちに伝えてきた、小林正観《せいかん》さん。
正観さんが話していた「トイレ掃除を続けるとお金が入り、
心がゆるんで自分のことを好きになる」という話を、
正観塾師範代がわかりやすくお伝えします。

to be Rich

小林正観さんの教え「神さまはきれい好き」

ぼくの人生を大きく変えてくれた人、それが小林正観さんです。正観さんは、著書60冊あまりと、年間300回以上の講演を通じ、ものの見かた・考えかたを伝えていました。

「うれしい」「楽しい」「幸せ」の頭文字をとった「う・た・し」を大切にし、「喜ばれる存在」になる生きかたを説くその教えは、とてもわかりやすくておもしろくて、大人気。ぼくは、約15年にわたって正観さんの講演会を主催し、学ばせていただきました。

正観さんは、残念ながら2011年にこの世を去ってしまいましたが、ぼくは正観さんの講座「正観塾」の師範代に指名され、その教えをベースにものの見かた・考えかたをお伝えしています。

正観さんは、長年「神さまが、人間のなす行為のなかで好きなものはどんなものだろう」ということを調べていました。すると、「そ・わ・か」の三文字に行き着いたそうです。**「そ・わ・か」とは、「掃除」の「そ」、「笑い」の「わ」、「感謝」の「か」です。**

神さまが好むベストスリーの「そ・わ・か」は、いつでもできますし、ひとりでもできます。そのうえ、お金がかかりません。

この三つのうち、**神さまが「掃除」を好んでいる理由は、どうやら神さまが「きれい好き」だから**のようです。そして、この「きれい」には、三つの種類があります。

一つ目は「姿かたちや立ち居振る舞いがきれいな人」

二つ目は「心がきれいな人」

三つ目は「水回りや身のまわりをきれいにしている人」

姿かたちや立ち居振る舞い、心をいきなりきれいに変えていくのは簡単なことではないかもしれません。ですが、水回りや身のまわりをきれいにするのは、やろうと思えば誰でもできますよね。「すぐに取りかかれる、お金を呼ぶ方法」を求めている人は、まずは「掃除」を実践してみるといいでしょう。

トイレを掃除すると臨時収入がやってくる

ある大富豪が三つのことを調べるように調査員を派遣したそうです。一つ目は、不老不

Takashima Ryo

高島 亮

新潟県生まれ。東京大学卒業後、大手化学メーカー、出版社勤務を経て、2000年に株式会社ぷれし〜どを設立、代表取締役になる。小林正観さんの教えを伝える「正観塾」師範代としても活動。講演会やセミナーの主催、自らの執筆や講演活動を通じて、「毎日が楽しく豊かになる」きっかけやヒントを提供している。おもな著書に『ぼくが正観さんから教わったこと』（風雲舎）、『「おまかせ」で今を生きる 正観さんが教えてくれた幸せの宇宙法則』（廣済堂出版）などがある。「株式会社ぷれし〜ど」http://www.pleaseed.com/

死の薬があるかどうか。これは、見つけることができませんでした。二つ目は、お金持ちになる方法があるかどうか。三つ目は、お金持ちでい続ける方法があるかどうか、というものでした。

二つ目と三つ目については、その方法かどうかはわからないけれど、今お金持ちである人の共通項がありました。それは、「家のトイレのフタが閉まっている」ということでした。

正観さんからこの話を聞いた11人の主婦が、**トイレのフタを閉めるようにしたところ、なんと1カ月の間に全員に4〜30万円の臨時収入があった**のだそうです。

さらに、全員に共通していたのが、フタを閉めるだけでは済まずに、トイレをピカピカに掃除するようになったということでした。それで**トイレ掃除と臨時収入には何か関係があるのではないか**という話になったのです。

それから2〜3年の間で、正観さんのもとには「本当に臨時収入があった」という声が続々と届きました。数万円という人から数百万円という人、なかには5000万円という人までいたそうです。

その後もそうした報告は増えるばかりでしたが、ぼくが知っているなかでの最高額は、宝くじを初めて買った人が2億円当たったというものです。その人は、そのお金をぜいたくのためではなく人にも喜ばれる使いかたをして、トイレ掃除も続けたからでしょうか、その後も何度か高額当選をしたそうです。

ぼく自身も、トイレ掃除をするようになってから、何度も臨時収入がありました。なかでも最大と思われるのは、「会社が降ってきた」ことでしょうか。

正観さんに出会い、トイレ掃除をするようになってしばらくたった頃、ぼくは勤めていた会社をリストラのような形で辞めることになったのですが、正観さんをはじめとする方々の支援のおかげで、まったく思いがけなく会社ができてしまったんです。それが、ぼくが代表を務める、株式会社ぷれし～どです。

外出先のトイレ掃除で金額がぐんとアップする

数えきれないほどの報告や実例から、お金や仕事、経済的なことに心配のある人は、トイレ掃除をするとよいみたいだという結論にいたったのですが、基本は、自分の使ったトイレをきれいにして出てくるというものです。すればするほど効果があると考えれば、自分の家だけでなく、カフェやレストラン、デパートやコンビニ、映画館やホテルや駅など、外出先でも自分の使った後はきれいに掃除するといいでしょう。

さらに、**「道具を使わないと臨時収入のゼロが一つ増える」「素手で掃除をするとゼロが一つ増える」「水洗トイレの水に手首までズボッと入れて掃除をすると、ゼロが一つ増える」**みたいなので、臨時収入が多いほうがいいという人は、楽しみながらやってみるといいんじゃないでしょうか。

なかには、汚れたトイレをわざわざ探して掃除をしている人までいるとも聞きます。そういう人は「臨時収入のチャンス！」と、楽しく挑んでいるようですよ。

執着やこだわりが溶けて開運体質になれる

トイレを掃除するというのは、本来、一銭の得にもならない行為ですよね。「汚いトイレに触りたくない」「外出先のトイレ掃除なんて、私の役目じゃない」と思う人もいるでしょう。

「トイレ掃除なんてバカバカしい」と思う人もいるかもしれません。しかし、**トイレ掃**

除をすると、自我や執着、よけいなこだわりが溶けていく感覚があります。そして、そのバカバカしいことをしていくうちに、自分で自分のことを好きになるようです。

正観さんのところにうつ病の人が8人来たことがあったそうですが、トイレ掃除を実践したら、全員が治ってしまったそうです。短い人は1週間、長い人でも3カ月で。

うつ病の人は、自分のことを好きではなく、「私なんか生まれてこなければよかったのに」「どうして私はここにいるのだろう」と思う心があるようです。しかし、他人がイヤがるトイレ掃除を進んでやることで「自分って、けっこういいヤツじゃないか」と思えるようになり、症状が改善したのではないでしょうか。

その8人は、全員が手をズボッと便器に突っこんで掃除をしたそうです。そのズボッというのをやっていると、自分を好きになるのと同時に自我がなくなっていったようです。

トイレ掃除はひとりの作業ですから、誰かから評価されるためではなく、ただ自分がひたすらやるものです。また、次の人が気持ちよく使えるという意味で、喜ばれる存在になる実践でもあります。

そうしてトイレも自分自身もピカピカになる頃には、自分のことが大好きになるという大きな幸福感も得ることができるようです。

不平不満を言うと お金の流れがストップ

トイレ掃除をどれだけやっても、臨時収入などの効果が表れない人がいます。それは、**不平不満・グチ・泣き言・悪口・文句を口にしている人です**。この五つを、正観さんは五つの戒《いまし》め、つまり「五戒」と言っていました。

「トイレ掃除をしているのに、お金が入ってこないじゃないか！」と文句を言うと、お金は入ってこなくなってしまうようです。逆に、お金が入ってこなくても五戒を言わずにトイレ掃除を続けていると、将来予定されている臨時収入がたまっていくみたいですから、楽しみでたまりませんよね。

お金が入ってくるしくみを、正観さんは次のようにたとえていました。

ダム湖から導管を通って水が流れてきます。このダム湖が、私たちにとってのエネルギーです。エネルギーとは、私たちを元気にしてくれるもののこと。愛情や友情、優しさや温かさ、おいしいものなどで、お金もその一つです。

このエネルギーがダム湖にたまっているのですが、**導管にゴミがつまっていると流れ込んできません。そのゴミとは、「五戒」や「我欲」「執着」「こだわり」といった精神的なゴミです**。だから、「お金がこない」と文句を言ったり、「お金がほしい」と執着したりすると、お金が流れ込んでこないのです。

逆に、「五戒」を言わず、「我欲」「執着」「こだわり」がなくなると、導管がきれいになって、お金が勝手にどんどん入ってくるようになります。ゴミがない分、どんどん流れ込んできて、どんどん流れ出していきます。そして、出ていくからまたどんどん入ってくる。つまり、お金が回るようになるのです。

この精神的なゴミを取り去るために効果的なのが、まさにトイレ掃除なんです。おもしろいつながりですよね。

ぼくが正観さんから教わったこと

著者：高島亮
出版社：風雲舎／定価：1,429円（税別）
小林正観さんの愛弟子だった著者が、正観さんの素顔や、教え「五戒」「感謝」「う・た・し」を解説。正観さんとの出会いや人生を変えてくれたエピソードを交えながら、日常生活を幸せにする方法を伝える。小林正観さんの世界に触れる、最初の1冊としても最適。

損得勘定でもOK！「実践」するほうが大事

トイレ掃除は、**最初は「お金がほしいなあ～」という下心100パーセントで始めてもかまいません。**損得勘定でするのも、野心あり、邪心ありでするのもOKです。

「心を磨くために」「立派な人になりたいから」と、トイレ掃除に取り組むのもいいのですが、それでは続きにくいかもしれません。

「お金が本当にやってきたら面白いだろうな」というほうが、取り組みやすいですし、臨時収入が入ったときのことを考えながらトイレ掃除をすると、楽しく続けることができるでしょう。大事なのは「おもしろがる」ことですよ。

損得勘定でやるというのは、人間にとっては自然なことだと思います。そして、宇宙の法則に沿ったことは、損得勘定にも沿っているようです。**どんな分野でも、人に喜ばれるような実践や生きかたは、すべて自分の得にもなっているのです。**

さらに言うと、みんなが嫌がってしたがらないことは、得の密度が高いみたいです。トイレ掃除はその最たるものでしょう。

それは、徳を積むことにもつながります。損得の得は、人徳の徳でもあるのです。だから正観さんも「100パーセント美しい心でなくてもいいから、究極の損得勘定ができる人になりましょう」と言っていたのでしょう。

実践を続けていくと、自我が溶けて、自分が好きになって、お金も回るようになって、大きな幸せを感じられるようになります。**その幸せがずっと続くようにするには、「ありがとう」を言い続けて感謝することです。**

私の幸せが、神、仏、友人、知人、家族、すべての人のおかげであることに気づいたら、「ありがとう」と言いながらトイレ掃除を続けていく。そうすれば、ずっと応援され続けて、「う・た・し」な毎日を楽しめますよ。

ポイント

- **トイレの掃除をすると臨時収入があるらしい**
- **「外出先のトイレ」「素手で掃除」「手をズボッ」で金額アップ**
- **野心100パーセントでもOK**
- **楽しく続けることを大切に**

人生を好転させる
食事と空間のエネルギー

to be Rich

エネルギーあふれる「ひかりのごはん」は、
人のエネルギーを高める力があります。
それを得るにはきれいな空間が必要です。
毎日の食事から人生を好転させていくことで、
金運も幸せも目の前に現れてくるのです。

ひかりのごはんで運気も金運も高める

なにげなく食べている毎日のごはん。食事は単に、栄養を摂取するだけのものではありません。**食事の本来の目的は、エネルギーをいただくこと。**毎日の食事のエネルギーを高めれば、そのごはんから心に栄養をいただくことができます。

食べる人に高いエネルギーを授ける「ひかりのごはん」には、祈りと願いが込められています。日本神話がつづられた『古事記』には、「お米の一粒一粒は、アマテラスオオミカミの魂の一部。すべてのひかりがここに宿っている」ということを今に伝えています。

お米が実る「イネ」の「イ」には命、「ネ」には根っこという意味があり、日本人は古くから「命の根っこ」であるお米を食してきました。それを念頭に置き、まずはお米を「神さまからいただいたひかりの粒」と見立てて、感謝しながらごはんを食してみてください。そうすると、**心が満たされて穏やかになり、運気も自然とよくなっていきます。**

「ひかりのごはん」は、つくり手の心の状態が、料理にそのまま映ります。イライラしてつくると料理のエネルギーが落ちて、食べても元気になりません。ごはんをつくるときは、まず気持ちを整えること。気持ちが乱れていたら、一度台所から出て心を落ち着けましょう。台所に入る前には「神さま、ただいまより◯◯させていただきます」と唱えましょう。調理前にひと呼吸おくだけで、心に栄養をたっぷり与えてくれるごはんになります。

さらにエネルギーレベルを高めるには、**誰かの幸せを願い、祈ること**です。相手に「ああなってほしい。こうなってほしい」という見返りを求めず、ただ純粋に無私の心で祈ります。

空間を清め、食事のエネルギーを上げる

ひかりのごはんのエネルギーは、**「食材×愛×食べかた」**の三角形で決まります。「食材」は愛情込めてつくられた旬の食材を、一番おいしい食べ合わせでつかうこと。「愛」は、食べる人を思いやって愛情込めてつくることです。

「食べかた」は、感謝して味わって食べること。スマホやテレビを見ながら食べても、

Tico

開運料理人 ちこ

17歳で人生の師と出会い、「食を変えると人生が変わる」ことを会得。ゆにわ流を伝授されて、大阪府に「御食事ゆにわ」を仲間とともにオープンする。巫女のように祈りながら調理する独自のスタイルが反響を呼び、多数のメディアに出演。お店には全国からファンが訪れ、食の大切さを説くセミナーも好評を得ている。公式ブログ「開運料理人の福ふくごはん」
http://tico-yuniwa.com/

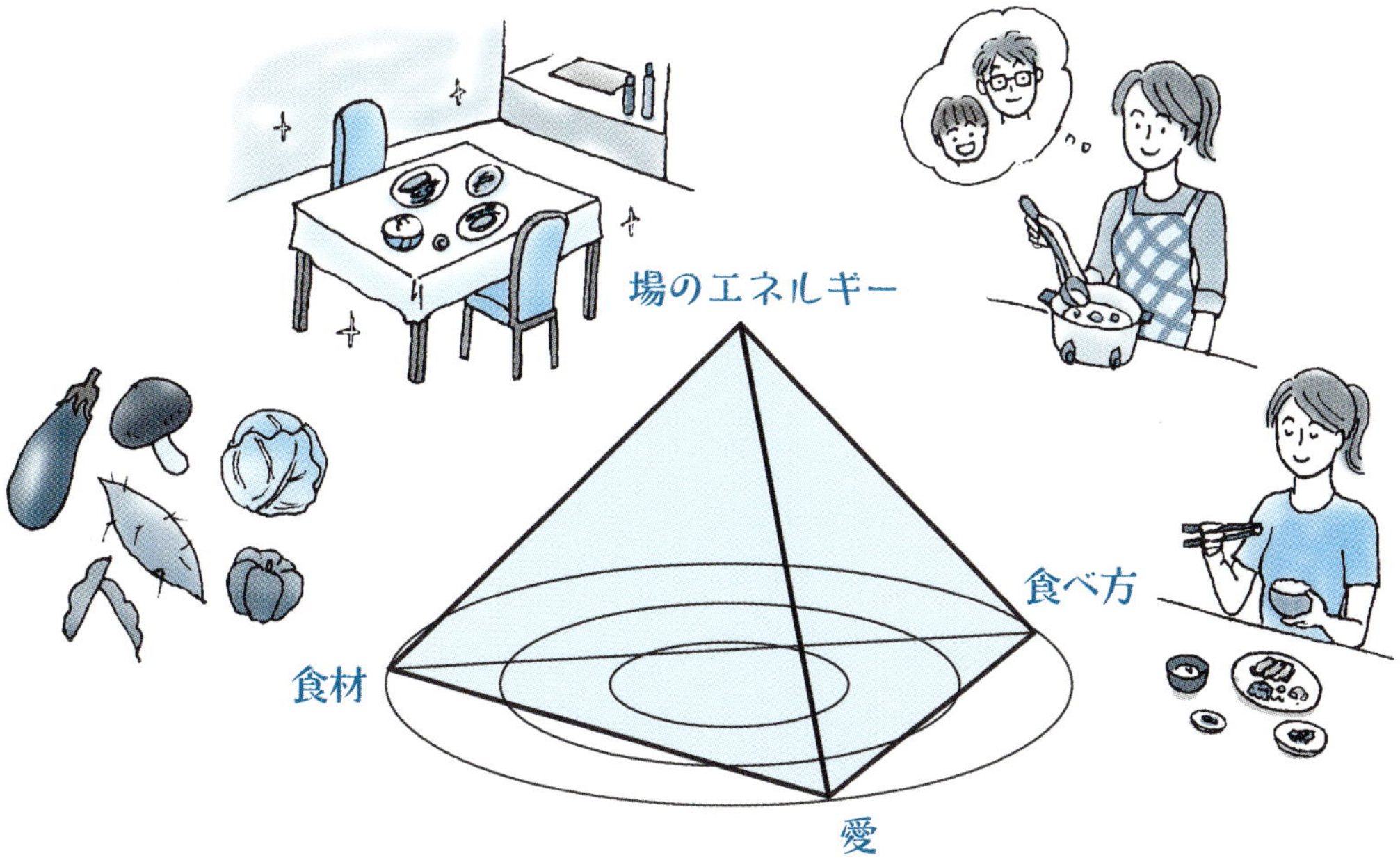

エネルギーを受け取ることはできません。「食材×愛×食べかた」は一つでも欠けると、そのひかりを失ってしまいます。

この三角形に高さを与えるのが、**「場のエネルギー」**です。汚れた台所や食卓では、ひかりをいただくことはできません。あらゆる食材は、空間から大きな影響を受けています。同じコーヒーでも、きれいなテーブルと散らかったテーブルに置いたものでは、まったく違う味になってしまうほどです。

神さまをお招きするためには、台所や食卓を清めること。空間が輝いていると感じられるまで、神さまに感謝しながら丁寧《ていねい》に拭《ふ》き掃除をすると、空間がよいエネルギーで満ちていきます。最後にゆっくりと、「アマテラスオオミカミ」と11回唱えれば、場を浄化することができるでしょう。

また、道具のなかでも**包丁は、心や魂を映す鏡**のようなもの。自分の心を磨くイメージで包丁を研《と》いで手入れすると、心に迷いがなくなって料理がおいしくなります。

冷蔵庫の中身をリセットするのも効果的です。冷蔵庫の中身は、自分の心の奥の状態が表れます。冷蔵庫の残り物の食材を整理して、冷蔵庫も心もスッキリさせましょう。さらに、

神さまに感謝し、生産者や運んだ人など食に関《かか》わったすべての人びとへ感謝する心も大切。

このようにしてつくられた「ひかりのごはん」を食べると、**みずからのエネルギーが高まり、「私はこんな人生を歩む」という、強い目的意識をもてるようになります**。すると、自分の意志でエネルギーをお金やご縁などへ自由に変換できるようになります。

そのためにも、「食材×愛×食べかた×場のエネルギー」の視点を忘れずにもっておくこと。そうすることで、毎日の食事から、人生全般が開けていくでしょう。

微生物を意識しながら、祈りつつ掃除する

「掃除が苦手」という人も多いかもしれません。それは**「疲れる掃除」をしているから**。

たしかに掃除は、肉体的には疲れます。でも、真の掃除をすれば空間のエネルギーが高まり、そこにいる人が元気になるパワーが宿るのです。

意外かもしれませんが、掃除のポイントは**「微生物」を意識する**こと。人のからだには多くの微生物が生息しています。有益な微生

運気を上げるごはんのひみつ
食事のエネルギーを高めるゆにわの作法

著者：開運料理人ちこ
出版社：PHP研究所／定価：1,500円（税別）
運気を上げる「ひかりのごはん」を家庭でもつくれるようにくわしくまとめた本。食材や料理の心得、エネルギーを高める儀式や清めの方法などをわかりやすく紹介している。食を大切にすることから、ひとりでも多くの人に幸せになってもらいたいとの願いも込められている。

物が腸内などの体内に増えると、消化や代謝がよくなる、免疫力がアップする、肌のキメが整うといった作用があります。

さらに、微生物には宇宙のエネルギーをキャッチして、それをひかりに変えてくれる、という偉大な働きがあります。掃除の本当の役割は、「ひかりを放つ微生物をお迎えする」ことなのです。

そのためには、**「形・想念・言葉」**の三つを意識します。「形」は、いらないものを処分して整理整頓すること。「想念」は自分の気持ちのこと。面倒くさいな、イヤだなという気持ちで掃除すると、空間がにごってしまいます。訪れた人が元気に幸せになるシーンをイメージして、祈りながら掃除するとよいでしょう。

最後に「いい言葉」をつかうこと。音は波動であり、微生物もいい音に反応します。日頃から「いい言葉」をつかうように意識していると、空間のエネルギーが高まります。

いい空間をつくれば、いい微生物が住むようになり、除々にエネルギーに満たされていきます。そして、**そこにいるだけで元気になれたり、ひらめきが降りてくるようになるのです。**

一番大切なのは ちゃんとごはんを食べること

「大切な人たちと、ひかりのごはんを食べる」。これが運気をあげる一番の秘訣《ひけつ》です。ひかりのごはんによって、本来もっている自分のパワーを取り戻すことができるのです。

現代は便利さや合理性ばかり求められ、ちゃんとごはんを食べることが後回しにされがち。だからこそ、食を大切にしてもらいたいのです。まずは**空間を整えて清め、食を守ること**。すると「私はこうしたい」という意志が自然に芽生えて、エネルギーに満たされていきます。その心にしたがって行動すれば、金運も幸運も手にすることができるのです。

ポイント

- エネルギーに満ちた食事は、あらゆる幸運を呼び起こす力となる
- きれいな食卓で食べると、効果的にエネルギーを受け取れる
- いい想念で掃除するといい微生物が働き、いい空間になる

❋ 金運アップのための片づけ実践ミーティング②

片づけが苦手な人はどうしたらいい?

参加者

A絵

引き寄せ初心者。何ごとにも慎重でお世話好き。でも何かあると、すぐにネガティブになるタイプ。

B奈

引き寄せ歴2年。ポジティブで楽観的。「ま、いっか」が得意で、好奇心あふれる行動タイプ。

C代

引き寄せ歴10年のベテラン。風水も試していて経験豊富。冷静で責任感の強いしっかり者タイプ。

A絵　お二人は年末に大掃除をしますか?

C代　もちろん。大掃除は新年をつかさどる「年神さま」を迎える大切な行事でもあるもの。「神さまはきれい好き」なんですから! 神社やお寺はゴミ一つ落ちてないでしょ? ちりやホコリは穢《けが》れって考えられているのよ。

B奈　きさいち先生の本にもあったね、「それぞれの場所に神さまがいる」って。神さまを喜ばせるといいことがあるならやってみようと。そう思って掃除すると、ちょっとワクワクしそうだよね。

A絵　でも私、ものをなかなか捨てられないからなぁ。

B奈　わかる! 私もクローゼットはパンパンだよ。でも、ときどき「えい!」って捨てると、すごく気持ちが軽くなるんだよね。そうすると、仕事でも何でもスムーズに進む気がするなぁ。

A絵　じつは、バブル時代に買ったスーツも捨てられずにまだもってるんです。高かったし、いつかまた着るかもしれないし。絶対着ないんですけどね(笑)。それに、なんだかものがないと不安になるんですよ。

C代　その捨てられないものには、過去や不安がいっぱい詰まっているってことだよね。心屋先生のいわれている「まずは心の片づけから」は、ほんとにそうかもしれないなぁと思った。心が片づくと、部屋も片づく。今の自分を大事にするために、過去や不安な気持ちにサヨナラして、バーンと捨てるとスッキリするよ。その空いたスペースに新しいものが入ってきたり、スッキリした心に新しい思いやアイデアが浮かんだり。そうして金運や幸運につながっていくんだから。

B奈　私が、やってみたいって思ったのは、山田先生の「壁だけ片づけ術」かな。捨てようか迷っているものを「未来の自分が持っているかどうか」をイメージして片づけると、もっといろいろ捨てられそうな気がしてきた。

A絵　なるほど。そうかもしれないですね。でもどうしても、「片づけてもまた散らかる」って思ってしまうんですよ。

C代　じつは私も、片づけや掃除は好きじゃないよ。きらいだけど、やったら気持ちがいいとか、金運が巡《めぐ》ってくることがわかっているからやってる。そういう人、結構多いと思うよ。

B奈　私も、伊藤先生の「散らかっている状態でもいいと、自分を許すことも大事」って文章を読んでホッとしたけどね。でも、散らかっている状態がいいという心に何かしらの原因があるから、そこを見ることがまず大事なんだって。確かに、心が穏やかで余裕があれば、部屋は自然と片づいていくよね、きっと。

A絵　そっか。心や気持ちがまず大事ってことですね。私って、いろんなことを「どうせダメだ」って最初から諦《あきら》めているのかもしれません。

B奈　心が幸せなら、金運や幸運を呼び込むんだから。私たちってお金が目的になりがちだけど、お金はついてくるもの。お金って追いかけるほど、逃げていく気がしない？　私、それで疲れちゃったことがあって。でも、引き寄せの法則を利用して自分が楽しく過ごしていれば、いつの間にかお金が回っている。気づいたらそうなっているというか。

A絵　私もそうなりたい！　どうしたらいいのかな。

C代　丸山先生がいうように、「片づけそのものが〝目的〟ではなく、幸せになる〝手段〟」だって考えてみたらどう？

B奈　まず自分の幸せ、家族や誰かの幸せを考える。それをイメージして掃除や片づけをするといいかも。幸せを手にし始めたら、何だかわからないけど、お金もきっとついてくるんだ！　って信じてみることだよ。

C代　何より、掃除してきれいになったら気持ちいいじゃない？　ほしい未来を願いながら掃除して、あとは引き寄せでいう「宇宙の法則」の考えかたにしたがって、流れに任せる。自分が居心地いいって思える空間を手にすることで、金運もよくなるんだと思うよ。

穢《けが》れを払い、運気をアップ。神さまを喜ばせる掃除法

日本の家は古来神さまが守ってくれています。
しかし、現代は神さまを大事にしないために神さまが不在の家が増えています。
掃除をすることで部屋ごとの神さまを招いて運気をアップしましょう。

家には神さまが宿る。しかし不在の家が急増

私たちが暮らす日本では、水や火、風、土、木など、**自然のあらゆるものに神さまが宿り、つかさどる**と、昔から考えられてきました。そして、その神さまは、暮らしの基本である〝家のなか〟にも存在します。家に住んでいる人が神さまをお祀《まつ》りするとその家にやってきてくださり、その人たちを守り、幸運やご利益《りやく》をもたらしてくれるのです。

しかし、現在は神さまが訪れない家が増えているようです。「最近なんだかいいことがない」「思いどおりにいかない」……。こんな人の部屋には、もしかしたら神さまは来るのを嫌がっているかもしれません。今一度、自分の部屋を見直してみてください。脱いだ服が置きっぱなしになっていたり、テーブルの上に物がいっぱい溢《あふ》れていませんか？　ゴミ箱からゴミが溢れていませんか？

神さまはきれいなものや場所が大好きです。だから、汚い部屋には、神さまがやってこないのです。また、人が外から帰ってきたら、家のなかに外の汚れが持ち込まれます。その汚れがたまっていくと家を守ってくれる神さまはやってこなくなり、かわりに災厄の

Kubota Hiromichi
久保田裕道

千葉県生まれ。國学院大学大学院博士課程後期文学研究科修了。文学博士。一般社団法人儀礼文化学会事務局長。民俗芸能学会理事。神仏、民俗学についての著書多数。

Kisaichi Toshiko
きさいち登志子

東京都生まれ。生活コーディネーター、TU-TI 編集室代表。雑誌やテレビなどで掃除や生活についてのアドバイスを行なっている。片づけや掃除に関する著書多数。

神さまが家に居つくかもしれません。すると、その家に住む人は気力が衰え財運も下降線をたどり、病気を招くこともあるでしょう。

　神さまをお迎えできる部屋にするには、2段階のステップによる掃除が大切です。まずは**〝汚れ〟〝悪臭〟〝埃《ほこり》〟〝カビ〟〝湿気〟**の「5大不浄」を取り除くよう、こころがけること。そして、場を清めてリセットできたらその状態をキープすることです。清らかで、汚れやよどみのない、神さまが喜んでくれる空間をつねに用意しておくことが大切なのです。

玄関は神さまの出入り口。迎え入れる準備を万全に

　日本では昔から、正月になると大年神がやってきて、福をもたらしてくれると信じられてきました。そのため、年の暮れには大年神を迎えるために大掃除をし、大年神のために、丸く白い鏡餅を用意し、門松を飾るのです。

　よって、神さまをお迎えする玄関をきれいにしておくことは、基本中の基本です。神さまに気持ちよく来ていただけるようにするためには、**玄関をできるだけ「何も置かない状態」にする**ことが最も重要です。準備万端ととのえて神さまをお迎えすると、その1年家

を災いから守ってくれるでしょう。

また、神棚などでお祀りする天照大神《あまてらすおおみかみ》も、玄関をすがすがしく清潔にしてあるととても喜ばれ、たくさんの幸福をもたらしてくれます。今はかない靴は靴箱にしまう、不要な傘は傘立てから排除するなど、不要なものは置かないようにしましょう。

そして、玄関は、外からの空気を通す場所。**風を送ることで空気を浄化**させましょう。玄関ドアや窓、下駄箱の扉も開けて風を通し、空気の入れ替えをすると、風の神である志《し》那《な》都《つ》比《ひ》古神《このかみ》も悪い風を吹かせないでしょう。

どの家にもかならずある台所は多様な神さまが宿る

キッチンは火や水を使い、私たちの**生命の源である食べものを扱う神聖な場所**。ここには、多様な神さまが宿り、この場所を守ってくれています。

調理コンロのそばには、火の神である三宝荒神などがいて、調理の火が暴れたり、急に消えたりしないよう、見守ってくれています。1日の終わりには、コンロの焼け焦《こ》げなどもキレイにし、汚れを残さないようにし、この神さまを大切にしましょう。すると、ご飯がおいしくなって、台所に家族が集まるようになり、家族の関係が和《なご》やかになります。

神さまはきれいな場所が好き 部屋を「清めて」お迎えする

キッチン、トイレ、洗面所やお風呂など、水回りを守ってくれているのが、弥《み》都《づ》波《は》能売《のめの》神《かみ》をはじめとする水神さま。この神さまは光っているシンクを好まれるので、きれいに磨いておくこと！ スポンジや乾いたティッシュで水気を拭《ふ》き取ったり、身近な道具を使って毎日手入れするだけで、**幸運パワーがぐんとアップ**します。

また、キッチンには、七福神としてよく知られている恵比須《えびす》や大黒《だいこく》、神棚などで祀られる穀物の神さまの宇迦之御魂神などがいらっしゃいます。この神さまたちは、食材を大切に扱うことで、幸運をもたらしてくれる存在です。

あなたのおうちの冷蔵庫は、食品を詰めすぎて何が入っているのか把握できていなかったり、消費期限が過ぎたことに気づかずに放置していたり、**食材を「死んでしまったもの」にしていませんか？** 冷蔵庫のなかは、今あるものを手前に、新しいものや買ってきたばかりのものを奥にしまうと、食材をムダにせず、神さまも喜びます。すると、食べものに困ることがなくなり、家庭繁栄をもたらして

くれるのです。

大切なものをしまう場所は神さまが宿り、守る

食材や調理道具、器など、多くのものを使う場所であるキッチンは、家のなかでもしまうスペースが多い場所です。ここに貴重品や大切なものを置いてあるご家庭もあるかもしれませんね。

収納場所には納戸神《なんどがみ》という神さまがいらっしゃる可能性があります。この神さまはタンスのなかなど、財産が隠してある、奥まった暗い空間にいることが多く、家の財産をしっかりガードしてくれています。よって、他人（泥棒）が入ってきたりすれば、驚いて追い払ってくれる、ありがたい存在です。この神さまいると、家が栄え、金運を高めてくれるといわれます。

収納は、家族が取り出しやすく、元に戻しやすい状態にすることが大切。ものを詰めるだけ詰め込んだり、入れっぱなしにしてしまうと、ものは死んでしまいます。そして、納戸神は「居場所がないな」「清浄な場所が好きなのに……」と出て行ってしまうのです。不要なものを処分して必要なものだけをしまう場所にし、家族の使いやすさ、片づけやすさを重視してものをしまうと、納戸神は喜び、その家の財運はアップします。

健康で美しくあるために水回りは清浄な空間を保つ

キッチンと同じく水を使う場所である浴室も、弥都波能売神などの水神さまが守ってくれています。浴室は、1日の疲れを取り、「明日もがんばろう」という気持ちを起こさせてくれる場所。浴槽はいつも心地よく使える状態にし、丁寧《ていねい》にぬめりを取り、湯船に塩を入れて清めたお湯につかってパワーを高めましょう。神さまを喜ばせることで美容や恋愛運が向上します。

また、**水滴は汚れの原因**。洗面台は使用後

家のなかに宿っている神さまの存在を忘れないこと

すぐに拭《ふ》き取って水気が残らないようにする習慣をつけましょう。**清潔を保っておくと、ここを守ってくれる神さまはとても満足してくれます**。また、洗濯機周りに埃がたまらないよう掃除をしておくと、いい運気を呼び込むことができます。

昔からトイレをきれいにするとお金が回り出すとよくいわれます。このトイレを守っているのが、波邇夜須毘古神《はにやすびこのかみ》と波邇夜須毘売神《はにやすびめのかみ》という男女の神です。この二人はもともとは土の神。便器は陶器なので、汚れを残さず清々《すがすが》しくすることでとても喜んでくれます。とくに、直接手をつかって「拭き」掃除をすることで、「福」を呼び、金運が花開きます。

神さまの存在を忘れず感謝しながら暮らす

日本では古来、神さまを喜ばせるためのさまざまな神事が、儀式として行なわれてきました。そして、その儀式の前にかかせないのが「お祓《はら》い」や「お清め」といった、いわゆる〝掃除〟です。**その場を祓い清め、清潔にすることで神さまにその場所にお越しいただく準備が整う**ということであり、祀りごとには欠かせません。

そして、神さまが心地よく宿ることが住まう人に力を与え、清めた部屋へ行くだけで元気になれたり、快適に過ごせるのです。それが〝パワースポット〟です。家をきれいにすることが習慣化したら、まるで自宅が〝パワースポット〟のように、運気が高まる場所になるはずです。

それには、神さまが幸運を運びやすいよう、**いい運気の通り道をつくる**ことです。空気の流れがよどむ部屋は、運気もこもってしまいます。風の入り口と出口をつくり、空気の入れ替えができるようにしましょう。

風の通り道がないと、空気も滞《とどこお》ってしまいがちで、湿気もこもります。**湿気は家を老化させる一番の原因**でもあります。梅雨などで窓が開けられないときには、換気扇を回すだけでもかまいません。扇風機で空気を循環させてもよいでしょう。

神さまは、この通り道を利用して、外から入ってこられることもあります。空気を浄化し、気の流れを感じながら過ごすことが大切です。

また、毎日の小掃除が、神さまの宿る場所を準備する日常の行ないだとしたら、季節ごとの行事は季節を喜ばせる特別な行ない。それぞれの季節に関係する神さまもおられ、わたしたち人間を守ってくださっていることを、忘れないようにしたいものです。

毎日の掃除と同じように、お正月や節分、桃の節句など、年中行事を丁寧に祝うことは、神さまに喜んでもらう上でとても大切。いつも神さまがいてくれると思うことで、ともに暮らしているという実感につながります。

掃除や片づけを始め、**家での行ないはすべて、宿っている神さまたちが見守ってくれているはず**。つねに神さまの存在を忘れずにいれば、きっと開運につながり、家族に幸せをもたらしてくれるでしょう。

幸せを呼びこむ
台所そうじ

著者：きさいち登志子
出版社：ソレイユ出版／定価：1,300円（税別）

「神さまそうじ」の提唱者、きさいち登志子さんの最新刊です。家のなかで、火や水を使い、私たちの生命の源である食べものを扱う神聖な場所である「台所」。ここをどのように掃除し、手入れすれば、神さまに喜ばれ、幸せになれるのかを、微に入り細に入り、ご紹介します。

汚い部屋がみるみる片づく！
神さまがやどる お掃除の本

監修者：きさいち登志子、久保田裕道
出版社：永岡書店／定価：1,000円（税別）

昔から日本の家を守ってきた神さまを部屋別に紹介。神さまがいる部屋はどんな部屋か、神さまがいない部屋はどんな部屋かをイラスト付きでわかりやすく説明します。また、部屋ごとに細かく掃除のポイントを具体的に教えてくれるので、すぐに掃除を実行できます。

ポイント

- 家を掃除すると神さまが喜んで訪れ、家に幸運をもたらす
- 家のなかのさまざまな場所を多くの神さまが守ってくれている
- 一年を通じて、毎日を神さまに感謝しながら過ごす

家とあなたの波動を上げる
月星座のクリアリング

to be Rich

目に見えない「邪」のエネルギーを取り去る
お掃除浄化術「ムーン・クリアリング」。
月星座カレンダーに沿っていつもどおりに
お掃除するだけで浄化レベルが格段に上がり、
運やお金を引き寄せることができるでしょう。

幸運への道をはばむ「運のつまり」を取る

「家をピカピカに磨いているのに、なぜか運気が上がらない」「チャンスがなかなかやってこない」……それは、「運のつまり」が原因かもしれませんよ。あなたがどれだけお掃除をがんばっても、自分磨きをしても、パワースポットに出かけても、**「運のつまり」がある限り、幸運もお金もやってこないのです。**

「運のつまり」をたとえるなら、道路の渋滞ね。車のコンディションがよくても、アクセルを踏んでも、クラクションを鳴らしても、渋滞という「つまり」がある限り、車はすいすいと進まないでしょう？「運のつまり」をなくしておかないと、幸運に通じる道を進んでいくのは難しいの。

そこで、「運のつまり」を取り、家とあなたの波動を高めるのが、Ｋｅｉｋｏのオリジナルメソッド、「ムーン・クリアリング」です。

目に見えない「邪気」をお掃除しよう

お掃除には二つの種類があるのをご存じかしら？ みなさんが普段やっているのは、ゴミやホコリなど「目に見える汚れ」を取るお掃除でしょう。

ゴミを捨てたり、汚れを拭《ふ》き取ったりという作業をすれば、見た目がきれいになります。気持ちもスッキリして「カンペキ！」「運気が上がるかも！」って思うかもしれませんね。

もちろん、物質的な汚れを落とすことは大切です。でも、私がそれ以上に注目してほしいのが、**「目に見えない汚れ」を取り去るお掃除**よ。

なぜなら、「見える汚れ」よりも、私たちにとって影響力が強いのが、目に見えない「エネルギー的な汚れ」、つまり「邪気」なのですから。よどんだ空気やネガティブな波動、部屋に刻み込まれた憎しみ、怒り、悲しみなどの「邪気」は、ずばり、「運のつまり」の原因よ。

「目に見えない汚れ」の影響力が大きいのは、無限に広がって行くからです。目に見えないからこそ、どこが汚れているか、どこを掃除していいのかわからないですよね。そもそも、邪気がたまっていることに気づかないという人がほとんどではないかしら。

邪気を放っておくと、家の波動が低くなり

Keiko

Keiko

慶應義塾大学法学部卒業。（社）ルナロジー協会代表理事。実業家。宇宙の法則にもとづいた、月星座などの開運方法「ルナロジー」を提唱。独自の視点にもとづく開運情報には、政財界・芸能界にもファンが多く、メルマガ読者は６万人を超える。『お金の「引き寄せ力」を知りたいあなたへ Keiko的Lunalogy』（マガジンハウス）ほか著書多数。公式ブログ「Keiko的、占星術な日々。」https://ameblo.jp/hikiyose358/

ます。そうすると、波動の高いものが近寄れなくなるの。何をやってもうまくいかない原因は、その人自身というよりもむしろ「家の波動」かもしれませんね。

逆に、**家の波動を高くすると、波動の高いもの――運やチャンス、お金といったものがちゃんとやってきます。**「同じ波動のものは引き合う」という、「引き寄せの法則」と呼ばれるものね。

私は、波動の強い家のことを「パワーハウス」と呼んでいます。パワーハウスの力はとっても強大。だって、窓を開けたら自然に空気が入ってくるように、パワーハウスに住んでいればそれだけで運が自然によくなっていくのですから。

運を育てる場所である家の浄化は幸運への近道

あなたの家は、チャンスと運を招き入れる準備ができていますか？　そして、それらを育てるスペースになっていますか？　あなたのお家は、あなたのためにちゃんと働いてくれているかしら。

家は、私たちが1日の疲れをとったり家族と過ごしたりする場所ですが、それ以上に「運を育てる」場所でもあるのです。運は、私たちが寝ている間につくられるのですよ。

家とそこに住む人の波動は連動しています。あなたの運は、家の波動を養分にして育っていくの。自分自身の波動を高めることはもちろん大事だけど、住まいの波動はある意味それ以上に大事なのですよ。

邪気を取り除き、家の波動を高めるために、最も簡単かつベストな方法は「家を浄化すること」です。だからこそ、つねに浄化しておかなければ！

浄化された住まいでは、あなた自身の意識や感情のつまりも、勝手に消えてしまうの。しかも、あなたの運を飛躍的にアップさせるパワーも授けてくれるのよ。

じゃあ、いったいどうやって、目に見えないエネルギー的な汚れを落とせるのかしら？ 家の浄化って何？

その答えは、ただ一つ。**「月の浄化術」――ムーン・クリアリング**よ。月のサイクルを利用して、物質的な汚れとエネルギー的な汚れの両方を同時にお掃除できてしまうという方法です。

浄化さえしっかりやっておけば、幸運は自動的に入ってきます。住まいの波動と、そこに住む人の感情を一緒にクリアリング（浄化）してしまえるんですから！ ムーン・クリアリングを習慣にしておけば、高い波動をほぼキープできるはずなの。

普段のお掃除が月の力でランクアップ

みなさんが普段使っている星座は、太陽星座というものです。太陽は1年かけて12星座をひとめぐりしていますが、月は29・5日、つまり約1カ月で12星座を一周します。これが、月星座というものです。

ムーン・クリアリングとは、その日の月星座を利用した「月の浄化術」のことです。月は3〜4日ごとに、12種類のエネルギーを地上に投げかけてきます。12種類というのは、12の月星座の特性のことよ。このサイクルを利用した浄化法が「ムーン・クリアリング」なのです。

ムーン・クリアリングは、**月星座に合わせて、特定の場所をお掃除する**だけ。蟹座に月があるときはキッチン、獅子座のときはリビングルーム、乙女座のときは押入れ、という具合よ。これだけで、普通のお掃除が「浄化」へとランクアップするのです。

ここを浄化しよう！

月星座ごとの掃除すべき場所と効果の一部をご紹介します。

♈ **牡羊座** ➡ **玄関** 第一歩を踏み出す勇気と行動力を与えてくれます	♉ **牡牛座** ➡ **バスルーム、洗面台** お金と安定した生活を引き寄せます	♊ **双子座** ➡ **デスク、書棚** 必要な情報が必要なときにやってくる！
♋ **蟹座** ➡ **キッチン** 心の安定と、円満な家庭を手に入れられます	♌ **獅子座** ➡ **リビングルーム** 揺るぎない自信と生きる楽しみを取り戻す	♍ **乙女座** ➡ **押入れなど** 健全な生活習慣を身につけることができます
♎ **天秤座** ➡ **クローゼット** 人間関係・パートナーに恵まれます	♏ **蠍座** ➡ **ベッドルーム** 愛する人との絆、強運につながる潜在意識を育てます	♐ **射手座** ➡ **ベランダ、靴箱など** 可能性を切り開き、一つ上の自分に
♑ **山羊座** ➡ **廊下、床** やりがいのある仕事にめぐり合い、名声を得られます	♒ **水瓶座** ➡ **窓ガラス、鏡** 有益な人脈と自由を手に入れられます	♓ **魚座** ➡ **トイレ** しがらみを水に流し、心の傷を癒《い》やしてくれます

＊今日の月星座はここからチェック！　http://moonwithyou.com/
http://lunalogy.jp/

　12の月星座分を行なうと、約1カ月で1クール。1カ月でお家もあなた自身も浄化されてしまうのよ。特別な道具は必要ありません。ただ、月星座のカレンダーどおりに、特定の場所のお掃除をするだけ。ね、とっても簡単でしょう？

　私自身、面倒くさいことが大嫌い。その私が習慣として10年以上続けてこれているんだから、これはかなりお手軽よ。

　望んだことがいつも向こうからやってくるのは、ムーン・クリアリングのおかげかなと思っています。**私の代わりに、家が勝手に運を引き寄せ、育ててくれているのかもしれませんね。**

　私はムーン・クリアリングを日々行なっているから、「ここを浄化したから、こんないいことが舞い込んだ」と、あまり意識していないんですけれどね。こういう風に無意識にできるのも、ムーン・クリアリングを続けられる理由なのだと思います。

月のエネルギーを使うとミラクルな力が生まれる

　ムーン・クリアリングではなぜ、住まいと心の浄化ができるのでしょうか？　それは、

Clean up

月が私たちの衣食住に関わる天体だから。

月の役割は、私たちが安全に、安心して暮らせる環境をつくること。そして、その環境を安定させることをつかさどっているのです。

月星座と浄化が結びつくのは、月星座（＝とき）と、きれいにする箇所（＝場）がシンクロするからです。その日の月星座（＝とき）に合わせて、**月のエネルギーが注ぎ込む箇所（＝場）をきれいにすると、単なるお掃除を超えるミラクルな力が働くのですよ。**ときと場を一致させると、家にはびこる邪気とともに、自分自身のネガティブな感情までもクリアリングできてしまうんです。

ムーン・クリアリングを始める前に、知っておきたいこと、それは、宇宙の法則。宇宙では、「空いたスペースを埋めようとする力が働く」ということが決まっています。さらにいうと、「手放したものよりも、大きなものがやってくる」「愛も仕事もお金も人脈も、循環させることで大きくなる」というのも、宇宙の法則よ。

「運のつまり」を洗い流してスペースをつくる→スペースができれば自動的にエネルギーが動き、循環する→お金やギフトが舞い込んだら、周囲の人たちにおすそ分け→もっとすばらしいものが舞い込んでくる！　このサイクルを習慣化すれば、あなたには自然と豊かさが降り注いでくるはずよ。

月が示す場所を掃除して星座ごとのパワーをもらう

月星座はおよそ3～4日ごとに変わります。二つの星座にまたがる日もありますが、その場合はどちらのクリアリングを行なってもOK。余裕があれば、両方をクリアリングしてもいいですね。

では、どの日にどんなクリアリングをすればいいのか、例を示しましょう。お金に関係の深い場所を教えますね。

●２０１７年12月1～3日

……牡牛座に月があるので、牡牛座のクリアリングを行ないましょう。牡牛座は「お金」と「収入」を引き寄せる月星座。バスルームと洗面所をしっかりお掃除しましょう。蛇口やシャワーヘッド、容器の底もピカピカにしてくださいね。洗面所やドレッサーに、暖色系で華やかな花を飾るのもいいわね。

「満足のいく収入」と「不安のない生活」

「運のつまり」を取れば、幸運はあたりまえにやってくる！

Keiko的 月の浄化術

著者：Keiko
出版社：大和出版／定価：1,400円（税別）
12の月星座がもつそれぞれのサイクルを家の掃除に対応させた本邦初の浄化術が「ムーン・クリアリング」。その日の月星座別に、掃除する場所や仕上げ方法、浄化の効果を解説する。浄化を日常の習慣にするためのコツも伝授。

が手に入るでしょう。

●2017年12月18～21日

……山羊座に月があるので、山羊座のクリアリングを行ないましょう。山羊座は「仕事」「天職」を引き寄せる月星座。

この日は廊下と床をお掃除しましょう。床に家具以外のモノを放置するのはNG。ラグやマット、スリッパを洗うのもこの日がベスト。

仕事の評価が高まったり、次々と仕事が舞い込んだりします。既婚のかたなら、ご主人の成功も望めますよ。

ムーン・クリアリングは、**いつスタートしてもOK。できない日があってもかまわない。完璧でなくてもいい**。だから、気がまえなくていいの。

ただし、日頃のお掃除はちゃんとしておいてくださいね。整然とした状態を保つように心がけておきましょう。

自分の潜在意識をクリアにするためにも、引き出しやクローゼット、冷蔵庫のなかを整理しておくのは、基本中の基本。また、邪気を吸いやすい「紙」「布」は、不要になったらすぐに捨てる習慣をつけましょう。ヨレヨレの下着や洋服やシーツが邪気にまみれていたら、幸運になんてなりようがありませんからね。

私の願いは、あなたと月が絆《きずな》を深めていくこと。月のパワーを利用すれば、あなたの日常が自然に変わっていくはずよ。大きな夢も、きっと叶《かな》うことでしょう。月はいつだって、あなたの味方なのですから！

ポイント

「運のつまり」を取る唯一の方法は目に見えない「邪気」を取ること
舞い込んだ運やお金を手放せばもっと大きなものが返ってくる
月星座カレンダーに沿って特定の場所を掃除しましょう

毎日たった5分の習慣で、開運体質を手にできる！

to be Rich

人がもって生まれる運の幅は違います。
ですが安心してください、日々の生活習慣で
開運体質に変えることもできるのです！
毎日たった5～10分の習慣を身につけて、
金運をはじめとした、あらゆる運をつかみましょう！

生まれついての運も日頃の心がけで変わる

生まれながらにもっている運の幅は、人によって異なります。強運をもって生まれてきた人もいれば、運にあまり恵まれずに生まれてくる人もいます。

しかし、ふつうサイズの運で生まれたからといって、幸せになれない訳ではありません。感謝を忘れずに前向きに生きることで、大きな幸せをつかむ人もいます。**運は日頃の心がけや習慣で変化するものなのです。**

逆に、強運を授かって生まれても、生きていくなかでの行ないが悪いと、運を使い果たし、惨《みじ》めな暮らしに転落することもあります。

考えかたのクセのせいで、運気が停滞してしまうということもあるのです。でも、そのことに気づいたら後は実践あるのみ。運気がよくなるように、習慣を変えていけばいいのです。

運気をアップさせるには、次の三つが重要。

①清浄に保ち、ときに祓《はら》うこと
②難を避けること
③感謝の気持ちをもつこと

すべてふだんの暮らしのなかで簡単にできることばかり。たとえば、**家に感謝をしつつ、正しい方法で掃除、片づけをすることで、運気をアップさせられるのです。**

そうした習慣が身につけば、魂が磨かれ、神さまが目をかけてくれるようになれます。神さまに目をかけてもらえると、さまざまな場面で導いてもらえるようになるので、あらゆることがうまく運ぶようになるんですよ。

しかも今回紹介する習慣は、それぞれ5分から10分程度で取り組めるものがほとんど。手軽ながら、あなた自身の心を見つめ、不要なものに別れを告げ、心身を清めることにつながります。日々、くり返すことで、開運効果がより強くなりますので、ぜひ続けてみてください。

玄関で悪運シャットアウトすべての運気アップの基本

よい運も悪い運も、すべて玄関から入ってきます。人は毎日、多くの人と関《かか》わって生きています。歩いていてすれ違った人からも、「ケガレ」つまり悪い気を受けてしまうのです。そのケガレを家にもち込まないことは、すべての運気を上げるために必須といえるで

Nakai Youka

中井耀香

古神道数秘術研究家。20代の頃に中国占術と出会い、さまざまな中国占術を習得。その後、日本の古神道の伝承者より神道数秘術を学び、「和暦数命学」を確立し「奇跡の占い」と評され、著作累計33万部を超える。公式LINE@では最新の開運情報を無料で配信中。「@nakaiyouka」で登録可能。著書に『呪いが解けちゃう！ すごい「お清め」プレミアム』（KADOKAWA）などがある。公式ブログ https://ameblo.jp/youka81/

しょう。**玄関さえきれいにしておけば、後はなんとかなるといっても過言ではありません。**

まず、靴を脱ぐ三和土《たたき》には、何も置いてはいけません。傘立てや新聞、雑誌類はもちろん、靴も置かないようにします。外を歩いてきた靴が玄関にたくさん置いてあると、悪い気が立ち上り、家中の運気を下げてしまうのです。清潔でピカピカな三和土は、よい運を引き寄せ、あなたを自然と開運体質にしてくれます。

もし、靴が下駄箱に入り切らないのであれば、不要な靴を処分しましょう。人には「身の丈」があります。下駄箱に入り切らない靴は、身の丈に合わないということ。必要なだけの数の靴を大切に履《は》くことで、玄関も気持ちもいつもすっきりして、運気もアップするのです。

靴を片づけたら、三和土のホコリを掃き、水拭《みずぶ》きをしましょう。古くからお清めには「火と水」が使われてきました。火と水＝か・み（神）。水拭きは神に通じる行為ですから、水拭きで清めるのです。三和土を水拭きすると、家の気が一気に変わります。その後で火を使い、よい香りのお香を焚《た》いて煙を出すと、水と火がそろい神が宿る玄関になります。するとよい人とのご縁を繋いでくれるのです。

このとき、玄関ドアも忘れず水拭きしておきましょう。塩水を吹き付けて拭くと、さらにお清め効果がアップしますよ。

悪い気がたまるトイレ きれいに保てば金運アップ

その昔、トイレは母屋《おもや》の外にあり、「御不《ごふ》浄《じょう》」と呼ばれていました。「不浄」とはケガレたものを意味していています。すなわち、排泄物を処理する場所を指していました。

現代の住環境においては、トイレはほとんどの家で屋内にありますが、パイプと通じて下水とつながっているため、悪い気である閉《へい》気《き》、邪気が上がってきます。かならずフタを閉めて、閉気をシャットアウトしましょう。トイレから流れ出た閉気は、ほかの部屋にも流れて行き、不運体質の原因になります。

しかしトイレは、私たちの生活になくてはならないものでもあります。悪い気がたまりやすい場所だからこそ、いつも清潔にし、気持ちよく使えるようにしておきたいものです。

便器の外側やふたを丁寧《ていねい》に拭き、黒ずみがちな水たまりの部分をブラシでしっかり磨きましょう。トイレマットや便座カバーも洗濯をして、床は水拭きをして清めます。

トイレを掃除すると金運が上がるといわれています。実際、今では大企業の社長になっているかたのなかには、トイレ掃除をして成功を収めたという人や、借金苦から解放されたという人も少なくありません。トイレのような汚いところを率先してきれいにする人は、幸運を引き寄せます。というのも、人のやりたがらないことをやる行為は、人間の価値を上げる行為なのです。勤勉さも身につき、仕事運にもよい影響を与えることでしょう。

財布はお金にとっての家 余計なものは入れないで

金運に恵まれないと嘆く人、お財布を見直してみませんか。**お財布はお金の家です**。一度出ていったお金も、いごこちのいい家にはまた戻ってきたいと思ってくれるものです。

なので、金運をアップさせるためにも、お財布はいつも大切に扱いましょう。きれいな家でゆっくり休んだお金は、家から出て外で働いてから、たくさんの仲間を連れて帰ってきてくれるのです。

お札はうわさ好きなので、どこそこの財布は狭くて住み心地が悪い、あそこの財布はす

ごくきれいだった……など、つねにおしゃべりしています。だから、**いいお財布にはお札がどんどん集まり、逆に汚れたお財布には諭《ゆ》吉《きち》さま（1万円札）たちが寄りつかなくなってしまう**のです！

お財布の交換時期は、角がすり切れたり、表面が汚れたり、色あせたりしたとき。もし、そんな状態になっていたら、思い切って買い換えましょう。快適な状態でお金をお迎えする、お金を大切にする心が運を引き寄せるのです。交換する際は、ぜひ諭吉さまが喜んできてくれる家（財布）を選びましょう。神さまに愛されるには、神さまの喜ぶことを優先させるのが基本ですから。

お札が喜ぶ財布とは、お札を曲げずに入れられる長財布です。色は、外側が白いものか、外が金で内側が赤や緑のものが、お金を浄化し、お金のめぐりをよくしてくれます。仕切りが多くてお札を金額別に分けて入れられるものだと完璧です！

まだちょっと交換時期には早いかなという人や、すでにばっちりな財布をもっている人は、なかの整理から始めましょう。まず、レシートをお財布に入れておく習慣は厳禁。レシートは失ったお金の証明なので、入れておくと金運が下がってしまいます。

また、お金に直接関係ない、運転免許証や名刺、ポイントカード類も分別し、専用のカード入れに入れるようにしましょう。お財布にはお金と銀行のカード、クレジットカードだけを入れるのが理想です。

定期的にホコリを払い、外側をきれいに拭くのも忘れてはいけません。目指すは「一流ホテル」仕様のお財布。広々として清潔で、クローゼットもすっきり、ベッドメイクも美しい、そんなイメージをしてみてください。とくに諭吉さまを、5千円札や千円札と別にして、VIP待遇にしておくと、ますます金運がよくなりますよ。

蔵の字をもつ冷蔵庫
整理すれば貯蓄運に直結

キッチンの片づけも金運と関わりが深いところ。というのも、お金は冷たくて暗いところを好むので、**いつも冷たくて、「蔵」の字がつく冷蔵庫は、金運、貯蓄運に直結するのです。**掃除して中身を整理してすっきりさせると、効率よく冷えて運気もアップします。

逆に、冷蔵庫が汚れていると、収入が多くても浪費が多くなるなど、お金の管理ができず、貯蓄ができなくなります。ごちゃっとしてきたなと思ったら、冷蔵室、冷凍室内のものを一度出して、余計なもの、消費・賞味期限が過ぎているものを処分しましょう。

食品類を出したついでに、冷蔵庫の棚やドアポケットを取り出して洗うとなおよいです。庫内を清潔に保つことで、フレッシュな冷気をめぐらせることができ、金運をアップさせます。

冷蔵庫の後は、食器棚を片づけましょう。欠けたりヒビが入ったりした食器はもちろん、いただきもので自分の趣味に合わないものは手放しましょう。**使わない食器があると、金運が逃げていくのです。**

人からもらったものは捨てにくいと考えがち。でも、贈り物は気持ちをいただけばよいので、もの自体は処分しても罪悪感を抱く必

お清めハンドブック
まいにち開運！

著者：中井耀香
出版社：日本文芸社／定価：680円（税別）

古神道数秘術研究家・中井耀香が、「開運体質」に変わるための28日間のプログラムを紹介。プログラムに沿って毎日1項目を実践し、それを3カ月続けることで、生まれながらの運に恵まれなかった人でも、これまでの人生における考え方や習慣などによって「不運体質」に陥っている人でも、「開運体質」を手にすることができる。

要はありません。趣味に合わない景品などももらわないようにしましょう。好きな食器を適切な数だけ置いて、気持ちよく暮らすのが大事です。

窓をピカピカにすれば龍神さまがやってくる

金運をつかさどる神さま・**龍神さまは、日本中を回っていて、きれいな窓を見つけるとその窓からなかに入って玄関から抜けていきます**。昔から、人びとは龍神さまの来訪を願ってきましたが、それは家を通り抜けるときにバラバラと金運を落としてくれるからなのです。龍神さまに見つけてもらえるような家を目指してみませんか？

といっても、そんなに難しいことは必要ありません。まず窓ガラスやサッシをきれいにしましょう。窓が曇っていると、運勢の雲行きが怪しくなるともいわれています。明るい未来を見通すためにも、窓を掃除しましょう。

龍神さまはピカピカが好きなので、ガラスもサッシもピカピカにして。サッシのホコリは掃除機で吸い取り、端の汚れは割り箸《ばし》などでこすり落とすといいでしょう。これで龍神さまをお迎えする準備は万端に整いました。

こうして、窓をピカピカにしたら、窓を開け放ち、「龍神さま、わが家におこしください」とお願いしてみましょう。おすすめなのは、毎朝一番に窓と玄関を開けて新鮮な空気に入れ替えるときに行なうことです。夜のうちにたまったよどんだ空気を一掃し、龍神さまに愛される、よい気で満ちた家にできますよ。

紹介したプログラムは一部ですが、一度実践してみてください。そして、やり遂げられたら、がんばった自分をほめてあげましょう。

できれば、**3カ月、こうした習慣を続けてみるのがおすすめです**。古神道の数霊術では、「3」という数字は完成を表す数字なのです。3カ月続けると、あなたの新しい人生が「完成」します。ぜひ、実践してみてください。

ポイント

- 生まれもった運に恵まれていなくても考えかたを変えれば運気アップ
- 運の入り口である玄関をきれいにすることから始める
- 金運の神さま・龍神さまに好まれるピカピカのきれいな窓に

掃除が苦手な人ほど、即効で幸運がやってくる！

自分が住む環境を心地《ここち》よくすることで、「いい気」を取り入れ、運気をアップ！　掃除が苦手な人でも、できることから少しずつ楽しく家をきれいに掃除することで、さまざまな幸運を手に入れることができるのです。

風水の力を借りて お家をパワースポットに

風水とは、中国に昔から伝わる環境学のこと。部屋や家など、環境を心地よくすることで、「いい気（エネルギー）」を取り込み、運を上げることができます。その方法を教えてくれるのが風水です。

私たちは、住んでいる環境の影響を受けながら生きています。環境が心地よければ、心身ともに健康になり、楽しい人生が送れるものです。いっぽう、不快な環境では気持ちがふさぎ、健康も害しやすく、暗い人生になってしまいます。今、ついていないなと感じたら、家や部屋の汚れが原因かもしれません。

また、体の代謝と同じように、運の流れもスムーズにめぐらせることが大切。スッキリした空間をつくり、風通しをよくすれば、いい運がどんどん入ってくるようになります。家をきれいにすることで、家そのものがパワースポットになってくれるのです。

逆に、部屋にゴミや不用品、汚れがたまると、悪運もたまりやすくなります。体脂肪がたまって太りやすくなる、散財してしまう、ネガティブ思考になって落ち込みやすくなる、いい出会いを遠ざけてしまうなど、マイナスな状況を招き寄せてしまうのです。

じつは部屋によって関係の深い運気も決まっています。たとえば、玄関は全体運、リビングは才能運、キッチンは金運など。毎日すべての部屋をきれいにするのは難しいですが、ほしい運によって、部屋や場所ごとの掃除をする頻度を変えてしまうのがおすすめです。

ただし、部屋の四隅の掃除と換気、ゴミ拾いは毎日しましょう。これらをサボると、悪運がたまりやすくなってしまいます。

ちなみに、掃除のタイミングも大切で、晴れた日の午前中がとくにおすすめです。太陽の光は悪い気を浄化し、いい気をもたらす力があるのです。風通しをよくすれば、運の流れもよくなりますよ。

運の「関所」である玄関は すべての運にとって重要

玄関はいい運を入れて悪い運を落とす、運の「関所」です。人間だって、汚い家には入りたくないですよね。運も同じ。汚かったり、不快な臭いのする玄関には入りたがりません。せっかくいい運が来ても、汚い玄関で

Kitano Takako

北野貴子

国内航空会社のキャビンアテンダントを経て、建築会社で社長秘書に。仕事を兼ねて学んだ風水の知識を生かし、現在は婚活サポート企業・株式会社IBJでオフィシャルアドバイザーとして活躍中。著書に『書き込み式　ポジティブ婚活ノート』（主婦の友社）、『邪気を落として幸運になる ランドリー風水』（青春出版社）、監修書に『新しいワタシになる　女子風水』（星雲社）などがある。公式ブログ「恋愛風水師北野貴子の『幸せになるための100の方法』」https://ameblo.jp/kitanotakako/

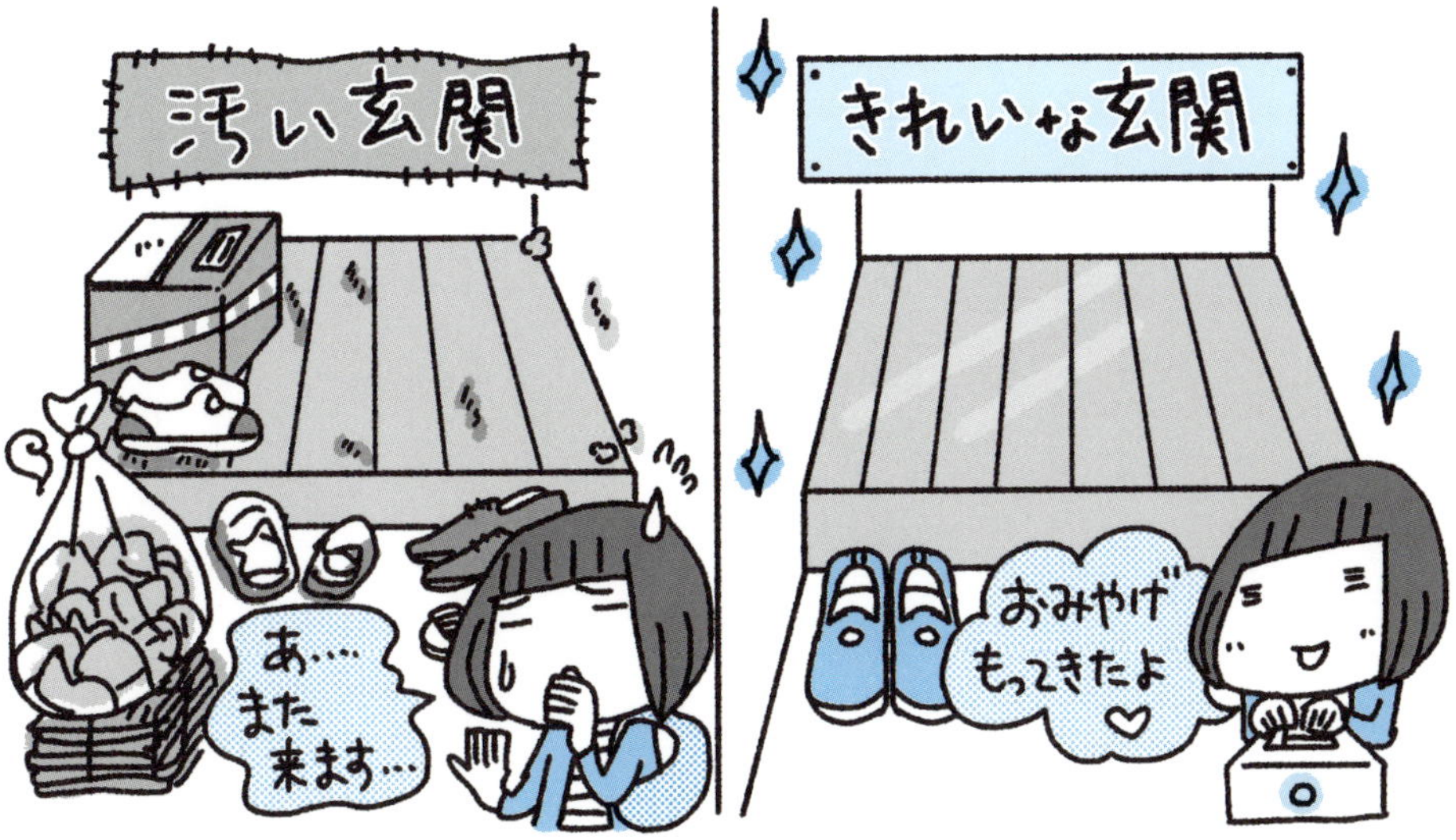

Uターンしてしまう可能性大です。

運のいい玄関にするには、①きれい、②明るい、この二つを押さえるだけ。明るくきれいな玄関なら、外からの悪運をしっかり落とすことができます。しかも、汚れやすい場所なので、掃除をすれば即効で運を上げられます。

玄関掃除の際にとくに注意してほしいのが、**ゴミや不用なものを置かないこと**。空箱や要らない小物を下駄箱の上に積むのはもちろんNGですし、家族の人数より多い靴が出ているのも厳禁です。人数分を超えた靴は、その分だけ縁をつぶしてしまいます。なかでも、季節外れの靴の扱いには要注意。出しっぱなしにしておくと、チャンスを逃しやすくなります。オフシーズンのものは下駄箱にしまい、ときの運を味方につけましょう。靴をしまう前に、下駄箱のなかを塩水で拭くと運気はさらにアップします。

玄関がきれいになったら、靴の扱いにも注意をはらいましょう。悪運がつきやすい靴底を1週間水拭きし続けると、運を一気に上げることができます。

また、靴をぬれたまま下駄箱にしまったり、ぬれた傘を下駄箱横に放置するようなことがないように注意してください。悪臭が発生していい運をはね返してしまいます。湿気対策と消臭対策は忘れずに。香りつきの消臭剤を使うなら、花などの香りがおすすめ。良縁を招いてくれます。

ところで、昔の住宅は玄関に上がり框《かまち》がありました。じつは、この三和土《たたき》との段差が悪運を落としてくれていたのです。しかし、最近はバリアフリーで段差がない玄関も増えてきました。人が入りやすくなった分、不運も入りやすくなっています。段差が小さい玄関は、しっかりたたきの掃除をして、厄《やく》を落とせるようにしましょう。

リビングと寝室は生活の基本 手軽に幅広い運をアップ！

家族が一緒に生活するリビングは、家族全体の運に関《かか》わる重要な場所。多くの家では、大きな窓があり、南に面していることが多いと思いますが、南から差し込む太陽光は、才能開花をもたらします。リビングの窓がピカピカだと、その力をたっぷりとチャージすることができるのです。また、ドアノブなどの金具をピカピカにすることでも、才能運はアップします。きれいな状態を維持して、才能開花、ひいては収入アップを目指しましょう。

さらに仕事運を上げたいのなら、**リビングのソファや椅子《いす》にこだわりたいところ。**座り心地のよいソファや椅子は、座る人の格を上げ、出世や幸運を招きます。クッションなどで座り心地をアップするのもいい手です。居心地がよくなれば、家庭運もアップ！ コミュニケーションが増えることで、社交運までアップする効果が望めますよ。

ただ、気をつけていただきたいのが、ソファなどの、普段はあまり動かさない大型家具の裏や下にホコリがたまりがちになってしまうこと。床のホコリは美容運や全体運を下げ、老化まで招いてしまいます。

せっかくソファなどによって上がった運が台無しです。こまめにホコリを取りましょう。

リビングと同じく、**家族が長い時間を過ごすのが寝室。一日の疲れや悪運を出し、新しい運を補充する場所です。**金運に限らず、幸運体質になるためには、居心地のいい寝室が必須といってもいいでしょう。

とくに注意が必要なのは、ベッドの下にたまったホコリや不用品。よく寝て悪運を出しても、そこからまた悪運を吸収してしまいま

きれいをキープしたい場所 ベスト3

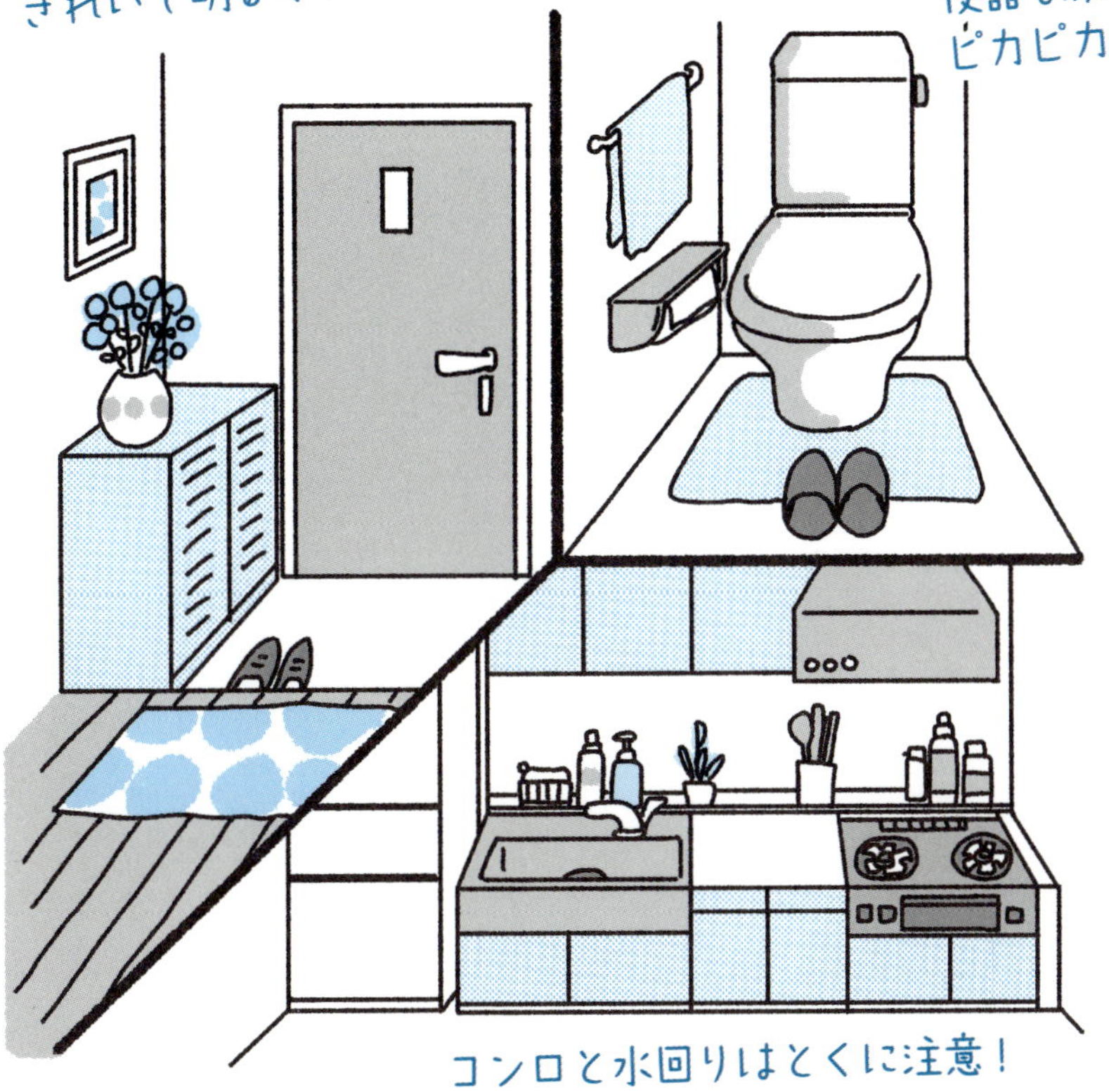
きれいで明るく！
便器も床も

す。つねにきれいに保ちたいところ。

ベッドの下を不用品の収納に使っている人もいますが、思い切って捨ててしまいましょう。捨てるときには、役立ってくれたことや思い出に感謝すると、今後、よりよいものに出会う縁を結んでくれます。

ちなみに、捨てるのは太陽が出ている間がおすすめ。悪運をリセットすることができます。その際には、塩や日本酒をふって、ものに宿った悪い気を清めてあげてください。

寝ている間に出た悪い気は、部屋にたまっていますので、まめに換気を心がけてください。また、悪い気は寝具にもついてしまいます。まめに洗うことをおすすめします。悪い気はもちろんパジャマにもついているので、起きたらすぐに着替えましょう。

なお、居心地のいい寝室づくりには、温度・湿度を快適に保つことも重要。ヒーリング効果のある音楽を流して、部屋の気を穏やかにするのもおすすめです。これらは快眠にもつながります。

一番汚れるトイレは掃除次第で即、幸運に

金運をすぐに上げたいのなら、一番はトイ

Clean up

レ掃除をすることです。**毎日使うトイレは、汚れや臭いがつきやすく、悪運がたまりやすい場所です。だからこそ、掃除をすれば運を強力に上げられます。**

でも、「金運、上がれ」と必死にやっても効果はありません。運は掃除している人の気持ちに左右されるもの。**楽しくポジティブに掃除することが大事です。**

一番汚れる便器は、内側だけでなく外側もピカピカにしましょう。悪い気は下にこもりがちなので、床掃除もしっかりと。

掃除をしたら小物などの色合いにもこだわりたいですね。トイレに入ったとき、明るい気分になれる色を選べば運気がアップしますよ。色風水を取り入れるのもおすすめです。金運アップには黄色、健康運には緑、恋愛や対人関係にはピンクやオレンジが効果的。

ただし、掃除して快適になったからといって、長居するのは厳禁です。かえって悪い気がついてしまいます。また、悪臭も悪運につながるので、換気をまめにしましょう。

浴室・洗面所の汚れは美容にとっても大敵！

浴室や洗面所、キッチンの排水口回りは金運にとって重要な場所です。汚れがたまってつまったりすると、金運が下がってしまうのです。使ったらすぐにゴミを取り去る習慣をつけるようにしましょう。

じつは**水回りは、金運に限らず、さまざまな運気アップにかかせない場所**です。たとえば、1日の汚れや厄を落とすお風呂。お風呂がきれいだと、健康運が上がり、肌や容姿がよくなるうえ、男女間の愛情も深まります。また、浴槽や蛇口《じゃぐち》、鏡などに水垢《みずあか》がたまると、容姿までくすんでしまうのです。美容のためにも、お風呂には汚れをためないようにしてくださいね。

洗面所も洗顔や歯磨きなどで1日の汚れや厄を落とす場所です。こちらもやはり、汚れると美容運が大きく下がります。こまめに掃除をしましょう。化粧水など古いケア用品には要注意。いつまでも置いておくと、悪い気が宿って老けやすくなりますよ。要らないものはすぐに捨ててしまいましょう。

洗面所は明るさも大切。自分の顔を映す鏡が暗いと、美容運が下がってしまいます。また、人にうまく心を開けず、内向的になってしまうことも……。人間関係にマイナスの影響を及ぼしかねないので、明るくすることが

お掃除したら、いいことあった！
汚い部屋ほど運がよくなる開運掃除術

監修・北野貴子　イラスト・にしだきょうこ　編集・リベラル社
出版社：リベラル社／定価：1,100円（税別）
開運アドバイザー・北野貴子が、実際にイラストレーターのにしだきょうこの家をきれいにしながら、開運方法を教えてくれる1冊。イラストとマンガでわかりやすく、幸運の引き寄せかたを紹介。金運、恋愛運などを高める、風水にもとづく開運インテリア術も掲載。

大事です。

キッチンも金運を左右する場所の一つ。とくにコンロが汚れていると金運が下がり、ムダ遣いや衝動買いに走りやすくなります。時間がたつと落ちにくくなり、悪運をためてしまうので、汚れたらすぐに拭《ふ》くことを心がけて。

ついついため込みがちな、不用な食材や調味料も運を下げます。とくに果物は金運に影響大。健康にも大きなマイナスをもたらすので、早めに食べきり、ダメになったらすぐに捨ててくださいね。

キッチンはそれ意外にも、家庭運や恋人・夫婦関係にも影響を及ぼす大事な場所。明るくきれいなキッチンを保ち、家族全員の運を上げて、毎日いきいきと過ごせるようにしましょう。

キープするのは3カ所だけでもOK

いかがでしたか？

どこから掃除するか迷うという人は、**まずは玄関とトイレ、キッチンの3カ所を優先してきれいにしましょう。**この3カ所は、きれいさをキープすると効果が大きいので、少しだけでも毎日掃除することを目指してみるといいですね。ほかは週に1回程度でも大丈夫です。楽しく掃除して、幸運を呼び寄せましょう。

さらに金運を上げたいなら、西に黄色の小物や果物を置くのもおすすめ。家の西ではなく、部屋の西側でも大丈夫です。ただし、黄色ばかりだと刺激が強すぎて、お金が出ていってしまいます。お金は暖色が好きなので、北にピンクやオレンジなどの暖色のインテリアにして、貯金運を同時に上げるといいですね。

十分にきれいになったら、パワーのもらえるインテリアを目指してもいいかもしれません。

ポイント

- 住む環境がよければ、心身ともに健康になれて、運気も高められる
- ゴミや不要なものには悪い気がたまり、運気を下げてしまう
- まずは玄関・トイレ・キッチンを毎日掃除するように習慣づける

ものとの付き合いかたで、良運も金運も引き寄せる

to be Rich

ものには波動があり、そのつかいかたしだいでもち主と良縁が結べ、それらが幸運を運んできてくれます。とくに人生が表れるバッグ、そして金運と関《かか》わりの強い財布のつかいかたを見直すと、運気や金運がアップします。

人から見たものの神性 ものにとっての人は神

人は食べものによって変わるように、ものによっても人生が変わります。日本人は「ものに魂が宿る」というアニミズムの考えを古くから受け入れてきました。私たちはごく自然に**ものに魂を感じている**のです。

では、ものから人へのつながりを考えてみましょう。ものは生まれたてのときはまっさらな状態。そこでもち主と出会い、一緒に生きていくことで人間の思いが注入されていきます。ものはそうやって育ち、もち主との関係が豊かになっていくのです。

ものを大切につかうと、もののほうももち主を助けたいと思ってくれますし、つかわないものをいつまでももっていても、ものがさびしがるだけです。**ものにとって人間は〝神〟のような存在**なのです。

ですから、ものとの出会いであるものの買いかた、選びかたはとても大事です。「とりあえず」で選ぶのはやめ、「なんとなく好き」と思った直感を信じてください。高いものを諦《あきら》めて似たような安いものを買うのも「とりあえず」に入ります。

そして、手に入れたお気に入りのものとあなたのつながりを強めるには、名前を付けたり、話しかけたりするとよいでしょう。買ってきたものを「商品」から「ウチの子」にするためには、１１３ページのイラストのように「ゼロ磁場作法」を行なうと自分の波動が入りやすくなります。

このように、**出会ったものとの正しい付き合いかたを知っているのと知らないのとでは、幸せを引き寄せる力が大きく違ってきます**。あなたのものはあなたの波動が入っているのですから、あなたの分身同様。雑に扱わないよう心がけましょう。

ものを汚れたままにしない 手入れし、休ませること

ものを大切にしている人は、自分自身にも周りの人やものにも優しく接する、愛情あふれた人です。いっぽう、ものを雑に扱いがちな人は、自分自身も大事にしていない傾向があります。自己肯定感が低く、自信がなく、自分を愛していないのです。そうした人は**ものの扱いかたを変えていくと、自然と心のほうも変わってきます**。

ものとの付き合いかたで重要なことは、ま

Hazuki Kouei

はづき虹映

作家。兵庫県西宮市出身。大学卒業後、大手百貨店に勤務後、独立。広告企画会社を設立。順調に業績を伸ばすが、1995 年の阪神・淡路大震災をきっかけにスピリチュアルな分野に目覚め、研鑽を積むように。古代ユダヤの智慧をもとに、「はづき数秘術（誕生日占い）」を確立。現在、経営コンサルタントとしても精力的に活動している。オフィシャルブログ https://ameblo.jp/hazuki-kouei/

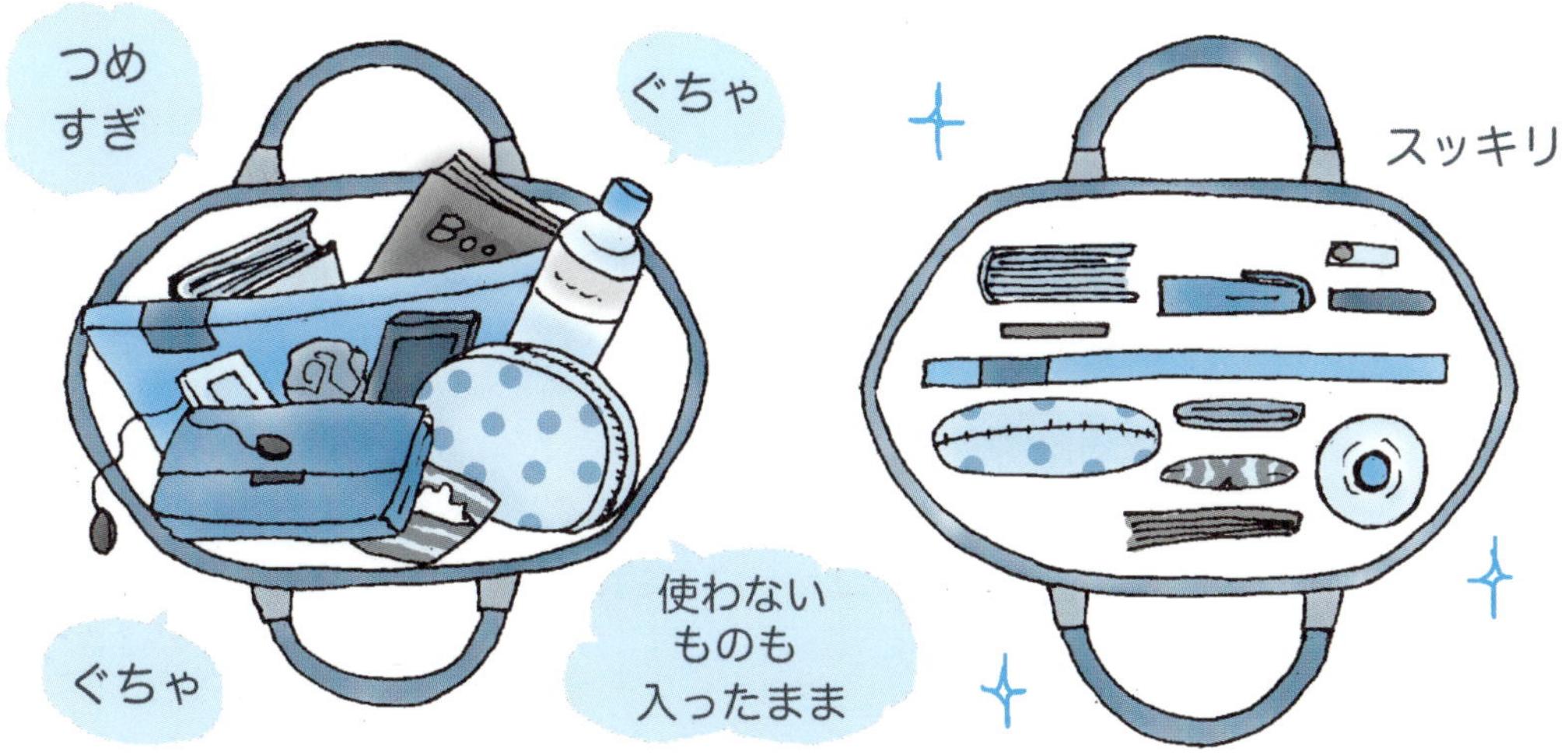

ず「汚れたままにしない」ということです。「汚れ」は「穢《けが》れ」。「穢れ」は「氣枯れ」です。ものを汚れたままにしておくとものエネルギーが劣化していきます。汚れたらみがく、壊れたら直す。こういった手入れで、もののエネルギーを保ってあげましょう。

次のポイントが**「ものが休む場所」**をつくってあげることです。ものは1日つかうといろいろな波動を受けます。そのなかには悪い波動もあるので、もののエネルギーも穢れたまま。あなたがお風呂に入るように、ものにも休息を与えてあげましょう。そのためにも定位置をつくるといいですね。

小さいものはトレーやかごなどの定位置をつくり、そこに毎日入れてください。服は帰宅時にまず軽く手で両肩を払い、悪い波動を家に入れないようにしましょう。そして洗うものは洗濯機に、それ以外のものはハンガーに掛けてブラシで軽く埃《ほこり》を払いましょう。

気をつけてほしいのは**「しまいっぱなしにしないこと」**です。「好き」の反対は「嫌い」ではなく「無関心」だとよくいわれます。縁あってあなたのところへやってきたのに、使わないでいるものが部屋に増えていくと、負のエネルギーが少しずつ増えていきます。あ

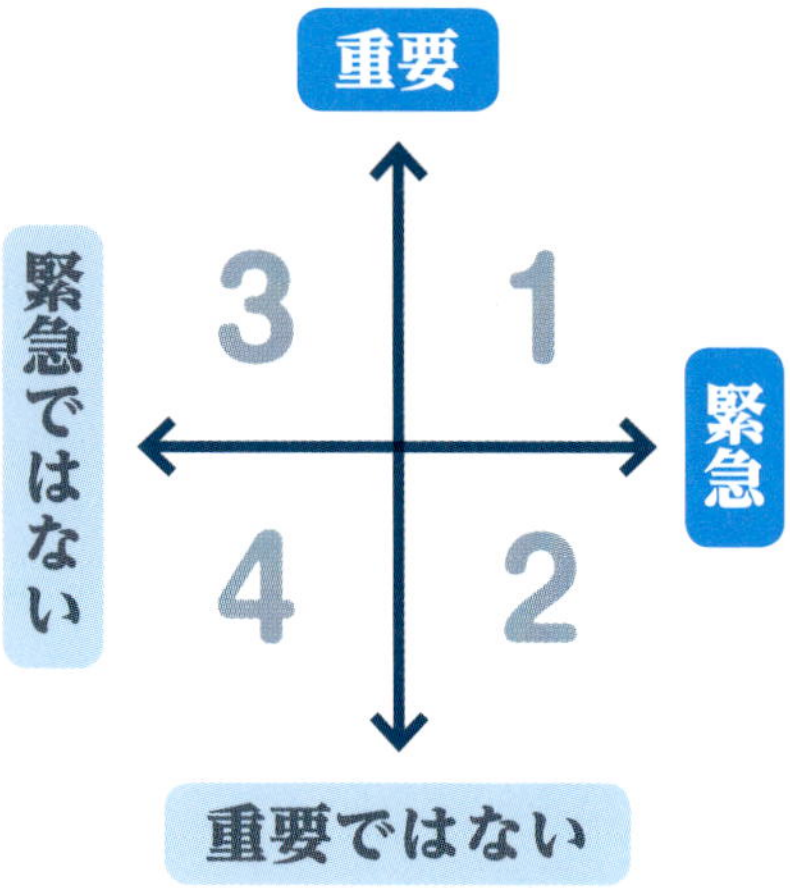

なたが忘れていても、ものとあなたの魂はつながっています。使わないものは処分やリサイクルを検討しましょう。

そして、最後のポイントが「とっておきのもの」を普段使いにするということです。「ハレの日限定」にしている**高価なものこそ、普段も使うことで、あなたがそのものにふさわしくなっていく**のです。

財布はバッグの上座で金運も運気もアップ!

もののなかでも女性にとってバッグは人生の相棒であり、もち主の生きかたが反映されるものでもあります。ですから、**バッグの使いかたに気を配ることは、持ち主の人生に大きく影響します**。

まず、ものの定位置をつくりましょう。バッグのなかに何でもポンポンと入れてごちゃごちゃになっていると、そのものそれぞれのエネルギーが乱れます。内ポケットやポーチ、バッグ・イン・バッグを活用しましょう。

財布は財運を左右するものですから、ただ定位置を決めればよいということではなく、特別な場所にいてほしいですね。つまり、バッグのなかでも上座に置くのです。バッグの上座とは、体に一番近い場所です。ポケットがあればそこに、なければ体に近いところの中央に入れましょう。こうして特別な場所を決めて財布に休んでもらうと、金運もアップしていきます。

さて、家に帰ったらあなたはバッグをどうしますか? 朝入れたものをそのままにして床にポン、でしょうか。それではバッグが休まりません。

家に帰ったらバッグの中身は全部出して、さかさまにして底を軽くたたきましょう。中身を出すことでムダなものが入れっぱなしになることも防げます。そして、寝かせるより立ててしまうほうが、バッグがゆっくりと休めます。

なお、外では路上にバッグを置くのは避けましょう。路上は「穢れ地」なので、直接バッグを置くと穢れた波動を受けてしまいます。やむをえず地面に置いてしまった場合は、洗ったり拭《ふ》いたりしてきれいにしてください。

バッグの中身整理はあなたの心の整理

運気を下げるバッグに多いのが「入れすぎ」のバッグです。ものが多いバッグには、「何

波動をニュートラルにする「ゼロ磁場作法」

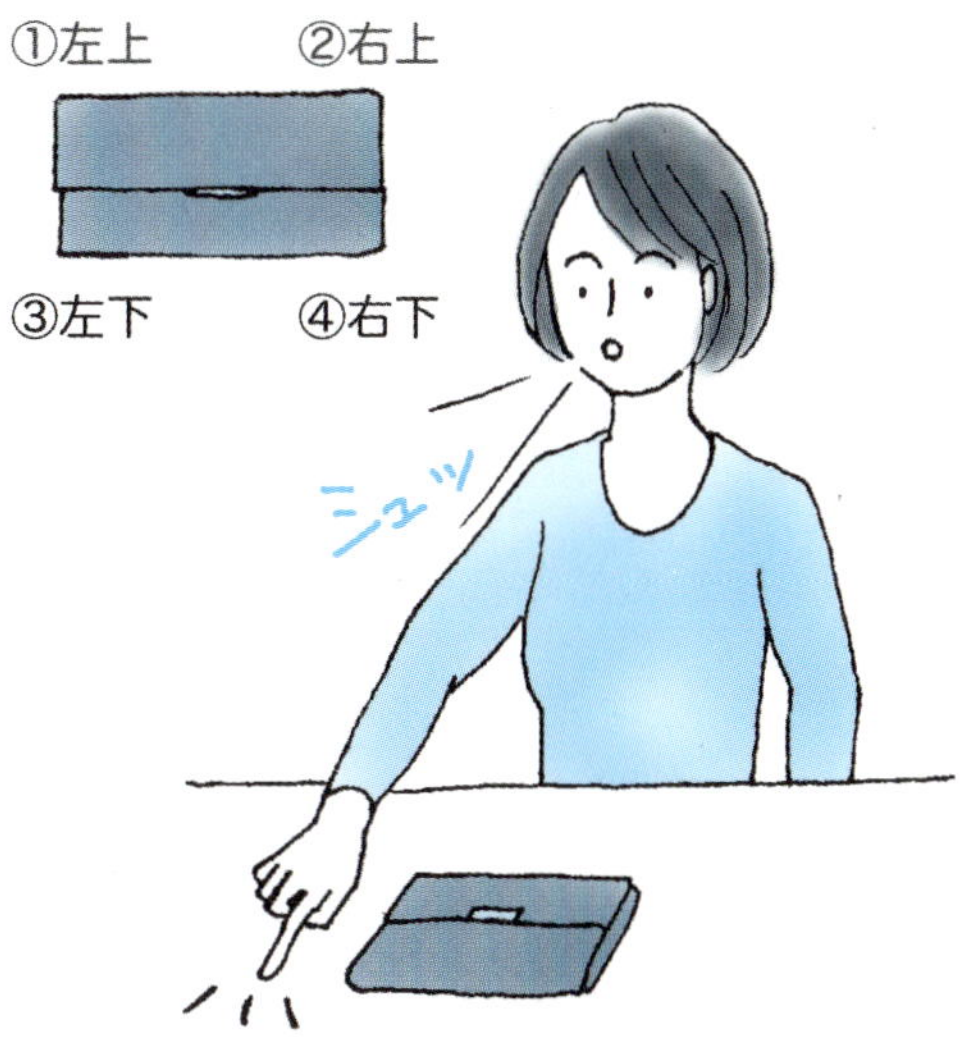

やりかた（財布の例）

1. ①左上②右上③左下④右下の順に人差し指で指しながら「シュ、シュ、シュ、シュ」とリズミカルに息を吐きます。
2. ものの少し上で両手の平を重ね合わせ、かざします。このとき右手が上、左手が下にくるようにします。
3. 左右の手をそれぞれ10回ほど外側に回したあと、2の位置で手を止め、最後に「シュ」と息を吐いて、ものにエネルギーを込めます。

※ものに対してだけでなく、空間にも有効。初めて訪れた場所でこれを行なうことで、その場の磁場がニュートラルになります。

ものは、流通されたり陳列されている間に、いろいろな空間の波動を浴びています。これをゼロにし、ニュートラル（中立的）の状態にすることで、自分の波動が入りやすくなります。

でもお気に入りのものを入れてしまう」「いざというときのためにあれもこれも入れる」という二つのパターンがあります。どちらにしろ、隙間もないほどものがびっしり詰まったバッグには、新しいエネルギーが入らず、新しい出会いも呼び込むことができなくなります。

そこでおすすめするのが、中身の見直しです。

① 1日の終わりに中身を全部出す

② もっていたもののなかで今日はつかわなかったものをピックアップする

③ ②で選んだものは翌日バッグに入れない

以上の順序でその都度中身を見直すと、本当にバッグの中に必要なものがよくわかります。

また、バッグの中身を考え直す別の方法が、**〝優先順位をつけること〟**です。それには「緊急度」と「重要度」に分けて分類する方法がやりやすいでしょう。やり方は次のとおりです（前ページ参照）。

まず紙を用意し、縦横に交差する線を2本引きます。横の線は緊急度の線で、右に行くほど緊急度が高く、左に行くほど低いことを示します。

縦の線は重要度を表す線で、上に行くほど重要、下に行くほど重要ではないという意味です。この線で紙の空間が四つに仕切られましたね。この仕切られた空間に、あなたのバッグに入っているものを分類していきます。その際、**緊急度よりも重要度を重視**します。

たとえば緊急度が高く、かつ重要なもの（たとえば携帯電話や財布）は右上に記入します。緊急度は高いけれどもそれほど重要でもない右下のスペースには、ばんそうこうや折り畳み傘のようなものが入るかもしれませんね。

緊急度は低いけれども重要なものは本や手帳が挙げられるでしょう。そして、緊急度も低く重要でもないもののスペースには、（人によりますが）キャラクターグッズなど「入れなくてもいいもの」が記入されます。

これに従って、バッグの中身を整理してみましょう。どうですか？　緊急でも重要でもないものが、あなたのバッグに入っていませんでしたか？

このように、**バッグの中身の優先順位を整理するということは、あなた自身の心の優先順位を整理することでもあります**。それを整理すると、バッグにかなりの余裕が生まれるはずです。

それと同時に、あなたの心のなかもずいぶん整理され、スッキリするのではないでしょうか。

財布は大切なお金の家。ゆったり過ごしてもらう

バッグの中身のなかでも、とくに財布のつかいかたは運気を大きく左右します。財布はお金の住まいです。バッグと同じように、ものを入れすぎず、余裕をもたせましょう。

そのためにも、紙幣がゆったりと過ごせる**長財布がおすすめ**です。日によって財布を替えると、お金がすぐに出て行ってしまうようになります。長財布、カードケース、小銭入れとつかい分けるのは堅実でよい方法です。

お札を財布に入れるときは、人物の顔が上を向くようにします。下向きに入れるほうがよいという考えかたも聞きますが、お金も呼吸と同様、出すほうが先。出したからこそ入ってくるのです。

また、財布にはお金に関係するものだけを入れます。診察券や会員証など余計なものは入れないようにしましょう。

財布は1年～3年のサイクルで、上質なものに買い替えていきましょう。**財布を買い替**

あなたのバッグには神様が宿っています！
一瞬で開運できる物の持ち方、選び方

著者：はづき虹映
出版社：KADOKAWA ／定価：1,300円（税別）
バッグをはじめ、財布、手帳といった身の周りの持ち物から、物との付き合いかたを見直して、運気も金運もアップしてみませんか？　思いどおりの人生を手に入れるために必要な、これからのもの選びの基準や、ものの手放しかたなどを丁寧に紹介します。

えるときは金運アップの大チャンスです。

財布は最初に入れた金額でキャパが決まるので、見せ金として新札で10万円ぐらい入れておきましょう。1年間ぐらい入れておくと、その金額が自然だと財布が覚えてくれます。

空間にゆとりをもたせると豊かさがやってくる

バッグの運気が上がったら、部屋もきちんと片づけて、運気を呼び寄せましょう。基本的な考えかたは、ものに対しても、空間に対しても同じです。

豊かさは、ものが整理され、ゆとりがある空間に宿ります。スッキリとした部屋には、神さまが喜んでやってきてくれるのです。

神さまに好まれる部屋のつくりかたの大切なルールとして覚えておきたいことは、床やテーブルといった平面スペースに物を置いたままにしない、ということ。なぜなら、神さまは広びろとした空間を好むからです。家のなかに神さまが降りていらっしゃる場所を、広く確保しておきましょう。

そして、部屋の隅はなるべくものでふさがないようにすること。部屋の隅には穢れたエネルギーがたまりやすく、ものでふさいでしまうと家全体の気の流れが悪くなってしまいます。一部屋で最低1角でも空けて、気の流れをよくしておくようにしましょう。

神さまは、家に幸運をもたらしてくれる、「大切なお客さま」です。部屋をきれいにし、いつでも人を呼べる状態にしておくと、自然と良運や神さまもやってきやすくなります。

反対に、厄災《やくさい》の神さまは汚れた部屋が大好き。美しい空間が苦手です。

ものを整理整頓し、汚い家を片づけることによって、あなたの家の「担当の神さま」が交代し、あなたの部屋の運気も上がります。そうした空間は神さまが喜ぶ空間。しだいにあなた自身の幸運も財運も向上していくことでしょう。

ポイント

- 運気が低迷している人はものの扱いかたを変えると運気が上がる。
- バッグにはものを入れすぎず財布は上座に入れる。
- 神さまは、家に幸運をもたらしてくれる、「大切なお客さま」

自分を愛することで、お金の神さまを味方につける

to be Rich

神さまは、いつでも誰にでも、
お金と豊かさを降り注ぐ準備をしています。
毎日楽しく過ごしている人にこそ、神さまは微笑《ほほえ》みます。
すっきりした部屋であなたが心地よく過ごすことが、
お金持ちへの近道です。

神さまと周波数が合えば お金と豊かさが降ってくる

誰にでも、お金の神さまが味方をしてくれています。つまり、誰にでもお金持ちになれる価値があるのです。「お金がなくて、来月が不安でたまらない」というせっぱつまった人も、「もっとお金があればいいのに」と夢を追いかけている人も、です。

神さまは本来、いつもあなたにお金と豊かさを与えようとしてくれています。与えたくて仕方ないのです。

でも、そのお金や豊かさを受け取るためには、神さまが送ろうとしている周波数と、あなたの周波数が合っている必要があります。ラジオの周波数と同じように考えるといいでしょう。

そして、**この神さまの周波数をキャッチするための最大のポイントが、「自分を好きになること」**なのです。歯を食いしばって働くよりも、うんうんうなってがんばるよりも、節約にやっきになるよりも、好きなように好きなことをやって生きていくことが大成功への近道ということ。

そのほうが、はるかに楽で簡単ですよね。わざわざ辛《つら》い道を選ぶことなんてないんですよ。もっとわがままになっていいんです。

お金の神さまの願いは あなたが自分を愛すること

とはいっても、すぐに「自分大好き！」と思えない人もいるかもしれませんね。どうすれば自分を好きになれるのでしょうか？　その話をする前に、お金の神さまってどんな存在なのかについて説明しますね。

お金の神さまは、あなたのことが大好きで大好きで仕方ありません。あなたががんばることが嫌いでダラけた生活をしていても、何かに失敗しても、**神さまは「あなたが存在しているだけで、すばらしい」と思っているのです。**

これって、すごいことだと思いませんか？　神さまは、無償の愛をたくさんたくさん私たちに注いでくれているんですよ。

そして、神さまはあなたをいつも応援しています。24時間３６５日いつでも、３６０度どこからでも、あなたにお金や豊かさが降り注ぐように準備しているのです。

ところが、せっかく神さまが準備をしているのに、受け取る準備をしていない人って多

Ohki Yukino

大木ゆきの

小学校教師、コピーライター、国家的指導者育成期間の広報を経てスピリチュアルの道へ。インドの聖地で学び、怖れや執着から自由になる「認識を変える光」を流すことができるようになる。不定期でワークショップを開催。近著に、読むだけで自己受容が進むと評判の絵本『あなたが生まれたとき、世界中がよろこびました』（PHP研究所）などがある。公式ブログ「幸せって意外にカンタン！」https://ameblo.jp/lifeshift/

いんです。これって、本当にもったいないことですよ。

お金と豊かさを受け取るための準備というのが、「自分を愛すること」。神さまは、かわいいかわいいあなただからこそ、**あなたに、自分のことを大切にしてほしいと思っているんです。**だから、自分を愛している人は、周波数が合って、神さまからのラッキーなギフトを受け取りやすくなるんです。

「私はダメ人間だから、そんなのムリムリ」なんて、自己否定しているなら、要注意。「自分には、お金を受け取る価値がない」と考えているのと同じなのですから！　周波数があまりに違いすぎて、せっかくのギフトが受け取れなくなってしまいます。

さて、肝心の「どうすればあなたが自分を愛せるようになるのか」ですが、これにはいくつかの方法があります。じつは、その一つが、部屋を掃除することなのです。「自分のことが大好き」なはずなのに、なかなか思うような人生を送ることができないでいるという人にも、掃除はおすすめですよ。

好きな部屋で過ごすのは自分を愛することの第一歩

好きな服を着て、好きな音楽を聴いて、好きな食器でごはんを食べて、好きな仕事をする毎日を送ることができれば、誰でもご機嫌になりますよね。そして、大好きな街の、大好きな空間で暮らすことができれば、きっと毎日を楽しく過ごせます。

とくに、**住む環境はとっても大事。毎日そこで生活していくのですから、影響力はすごく大きいのです。**自分を愛するためにも、住む場所にはこだわっていいんです。

そのために、引越しをしたり、家具を買い替えたりするのもいいですが、もっと手っ取り早くできるのが掃除です。掃除が行き届いた、心地いい部屋にいると、自然とゴキゲンになりますよね。

この「機嫌よく生きる」というのは、とても大切です。神さまはいつもゴキゲンなので、機嫌よく生きていれば、自然と周波数も合いやすくなるんです。

それに**居心地のいい部屋で暮らすということは、自分を大切にしてあげるということでもあります。**自分が「神さまに愛されている、とても大事な人なんだ」という実感をもてるのではないでしょうか。そうすればますます神さまと周波数が合いやすくなりますよ。

では、自分の部屋を見渡してみてください。心から大好きなものに囲まれていますか？「捨てよう、捨てようと思っているのにそのままほったらかしになっているものがある」「掃除ができていない場所がある」のではないでしょうか。

心地よい部屋をしっかりイメージ

でもちょっと待って！　ここで、「掃除ができていない部屋に住んでいるなんて、私はダメ人間だわ……」と、落ち込む必要はありません。

そんなあなたでも、神さまにとっては大切な存在なのですから。自分はダメだと思いこ

んでしまったら、神さまからのギフトを受け取りにくくなってしまいますよ。

では、気を取り直してさっそく掃除、といきたいところですが、ちょっとその前に、あなたにとって心地よい部屋をイメージしてみましょう。捨てるべきものは捨てて、ホコリをかぶっていた雑貨をきれいに磨いて、床に置いているカバンや雑誌の置き場所をつくって……と、具体的に考えてみてください。

次は、掃除が終わったときのことも考えてみましょう。ものがない、スッキリと片づいた部屋を、もっとあなた好みに仕上げていくのです。アロマの香りはどれにしようかな？　お気に入りの雑貨のディスプレイ場所はどこにしようかな？　と、具体的にイメージしてみましょう。

どうですか？　なんだか楽しくなってきませんか？　「気分」はとっても大切ですよ。

部屋のイメージが頭のなかで固まってきたら、掃除したい場所ややりたいことをスケッチブックに書き出してみましょう。カフェにあるメニューのように箇条書きにしたり、理想の部屋の写真を貼《は》ったりするといいですね。可愛いシールやマスキングテープで飾ると、ワクワク気分が止まらないはずですよ。

Clean up

さらに気分を盛り上げるために、住宅展示場、キッチンメーカーなどのショールーム、家具屋さんに出かけてもいいと思います。「こんなに素敵な部屋に住めたら、最高だな〜」と、イメージングを強くするためです。

掃除の原動力になりますし、わくわくしていれば、神さまがその部屋を手に入れられるように誘導してくれますよ。「ああ、気持ちいいなあ〜」とリラックスすることで、心身の健康にもなるので、まさに一石三鳥なんです。

自分をほめまくる言霊《ことだま》パワーを使おう

さて、もう一度あなたの部屋に戻ってみましょう。「ああ、掃除しなければ……」と、つぶやいた人はちょっとストップ！ **「〜ねばならない」という言葉は、あなたを息苦しくさせてしまいますよ。**

「〜ねばならない」というときは、そうしなくてはいけないと思い込んでいるだけで、実際はやらなくて済む場合がほとんどです。「掃除をしなければならない」というのは、「掃除をしないと、私は存在している価値がない」と自分に言い聞かせているようなものです。自分で自分の首を絞めるのはやめましょう。

「お掃除しようっと♪」と、言い換えてみてください。ウソでもいいから、笑って言ってみるのです。マジか⁉ と思うほど、気分が違うはずです。

そして、掃除ができたら「私って天才♪」と、つぶやくのです。たとえ、ゴミを一つ捨てただけでも、です。

「私って天才♪」とつぶやくと、なんだか自分がスゴい人になった気分になりませんか？ それでいいんです。

そうです、あなたは天才です。今までやらなかったことを、たやすくできるようになったのですから！

自分をほめてほめまくりましょう。

さらに、「私には、お金持ちになれるだけの価値も力もある！」と、口に出してみるのもいいですね。きっと、魂の奥底から力が湧《わ》いてくると思いますよ。

ただし、これらの言葉は魂を込めていいましょう。言霊パワーを信じるのです。

誰でもお金持ちになれるタネをもっています。しかし、このタネはなかなか発芽しないかもしれません。

タネを発芽させるには、タネが養分を吸収しやすい環境を整える必要があるのです。そ

神さま！ がんばるのは嫌ですが、大成功する方法を教えてください！

著者：大木ゆきの
出版社：PHP 研究所／定価：1,400 円（税別）

おちゃめな神さまが、がんばらずに好きなことだけをして人生を成功させるための方法を伝授。人が誰しも、生まれたときからもっている「成功のタネ」の育てかたを、さまざまな角度から紹介。神さまのゆる〜い口調と可愛いイラストで、肩の力を抜いて読める1冊。

の養分とは「タネを信頼すること」「よけいな心配をしないこと」、そして「自分が歓《よろこ》ぶこと」です。**自分が歓ぶ言葉を自分に言い聞かせるだけで、お金持ちのタネにどんどん養分を与えていることになるんですよ。**

ムダな回り道もOK 楽に楽しく掃除しよう

掃除は大切ですが、積もり積もったものや汚れを取り除くのは大変です。部屋を思い切り変えるのも、労力がいりますよね。

だから、**今の自分にできることだけすればいいんです。**ムリをしなくてもいいんです。休養も大切です。

掃除をしようと思い立っても、なかなかイメージどおりに進まないかもしれません。睡眠時間を削って掃除に励み、次の日の仕事に影響が出るようではいけません。がんばって掃除することと同じくらい、休むことも重要なんです。

それでも腰が重い……というなら、新しい方法を取り入れてみてはいかがでしょうか。同じ道具で同じ方法をくり返していると、マンネリ化しがちです。最近は、テレビやネットで、掃除をするためのグッズや方法などたくさんの情報が出回っているので、ピンときたらぜひ取り入れてみましょう。

掃除方法に新しい風を吹き込むと、あなたはきっと掃除が楽しくなってくるでしょう。

そうです、神さまが大好きな「あなたが楽しいこと」になるのです。

ひょっとしたら、ムダな買い物をするなどの回り道があるかもしれません。それでもいいんです。効率だけを重視して掃除をするなんてツマラナイですし、ひょっとすると回り道のなかで新しい視点が生まれるかもしれないのですから。

楽しいことだけを選び、ラク〜に生きる。そんなあなたにこそ、お金持ちの神さまは微笑んでくれるんですよ。

ポイント

お金の神さまは自分を好きな人が好き

掃除をしたら「私って天才♪」とつぶやいて自分を歓ばせる

ムリをせず、自分にぴったりの楽しい掃除方法をみつける

片づかない原因は心のクセ。整理すれば人生が変わる！

to be Rich

私の人生、なんだかうまくいかないし、金運も悪いみたい……。
そんなあなたの心の問題が
「部屋が片づかない」原因だとしたら？
心の問題を解決し、金運もアップする片づけ術を紹介します。

部屋の悩みの奥にある心の課題と金銭的問題

私は空間心理カウンセラーとして、部屋を片づけられない人のお手伝いをしています。そうした悩みをもった人とお話ししていると、**片づけができないという悩みの奥に、かならずその人自身の心の課題やくせが見えてきます**。部屋はその心の問題が表れる場所。心の課題を解決することで、部屋の悩みも解消していくことができるのです。

まず最初にしてほしいことは、「自分の部屋ともう一度向き合う」ということ。部屋は毎日の生活の中で散らかったり、汚れがたまったりしてしまいますが、部屋そのものにはなんの落ち度もありません。

それどころか、**どんなに汚れても、ちゃんとあなたの帰りを待ち、迎え入れてくれる「かけがえのない場所」**であるはず。そんな部屋に対して、感謝の気持ちを忘れてはいないでしょうか？　引っ越してきたばかりの、まっさらでピカピカだった頃の部屋を思い出してみてください。もう一度、自分の部屋を新たな気持ちで見つめ直すことから始めましょう。

大事なことをもう一つ。「部屋が片づかない」と悩んでいる人の多くは、金銭的な悩みも抱えていることが多いようです。そういう人は、「お金がない」と思うことで前向きに行動する気持ちになれず、そうすると部屋は荒れた状態のままになり、悪循環が続いてしまうのです。片づかない部屋の問題を解消することと同時に、心も元気にして、幸せを引き寄せていきましょう。

居心地のいい空間は自分発見にもつながる

「やりがい」や「居場所」を求めるあまり、趣味や資格の勉強を次々にやり始めてはすぐに挫折……。このように「自分探しに夢中になっている人」はものを買い集めてはほったらかし、部屋にいらないものが散乱しがちになる傾向があります。今一度、自分の部屋を見つめ直してみてください。あなたの部屋は、いらないもので溢《あふ》れてはいませんか？　**部屋を居心地がいい空間にすることで、なりたい自分に気づくきっかけが見つかる**かもしれませんよ。

こんな人にまず片づけてほしいのが、キッチンです。「食後すぐに後片づけをする」「蛇《じゃ》口《ぐち》やシンクを磨く」「排水口をきれいにする」

Ito Yuji

伊藤勇司

空間心理カウンセラー。日本メンタルヘルス協会公認心理カウンセラー。引っ越し業をしながら心理学を学ぶうちに、「部屋と心の相関性」に着目。空間と心理を関連付ける独自の理論を構築する。2008年に「空間心理カウンセラー」として独立。部屋が片づけられない人の悩みの奥に潜む心の問題を改善することで、クライアントの人生に変化をもたらしている。オフィシャルブログ https://ameblo.jp/heya-kokoro/

「調理道具を手入れする」などを心がけると、面倒なことや苦手なことに取り組む抵抗感が解消できます。そうすることで、部屋に愛着もわき、運気の好循環が生まれるきっかけとなります。

　また、ダイエットをしてもリバウンドをしがちな人は、自分を大切にできていないと思っています。それが心のあせりとなり、部屋の乱れにつながっています。そんな人は洗面所とクローゼットを集中的に掃除しましょう。鏡や洗面ボウルをピカピカに磨くことで、「自分を美しくしよう！」という意欲がわいてきます。また、クローゼットは、まずどんな服があるか確認し、本当にお気に入りの服を選んでゆったりと収納しましょう。**着たい服を知ることで、それにふさわしい自分を目指す**ことができます。

　自分ケアのために、朝30分早く起きて、時間の余裕をつくることも大切。心のゆとりは金運アップにもつながります。

こだわりをゆるめて キライを好きに変える

　出会いがないといつも嘆いている人の多くは、理想の条件を上げている割にこだわりが

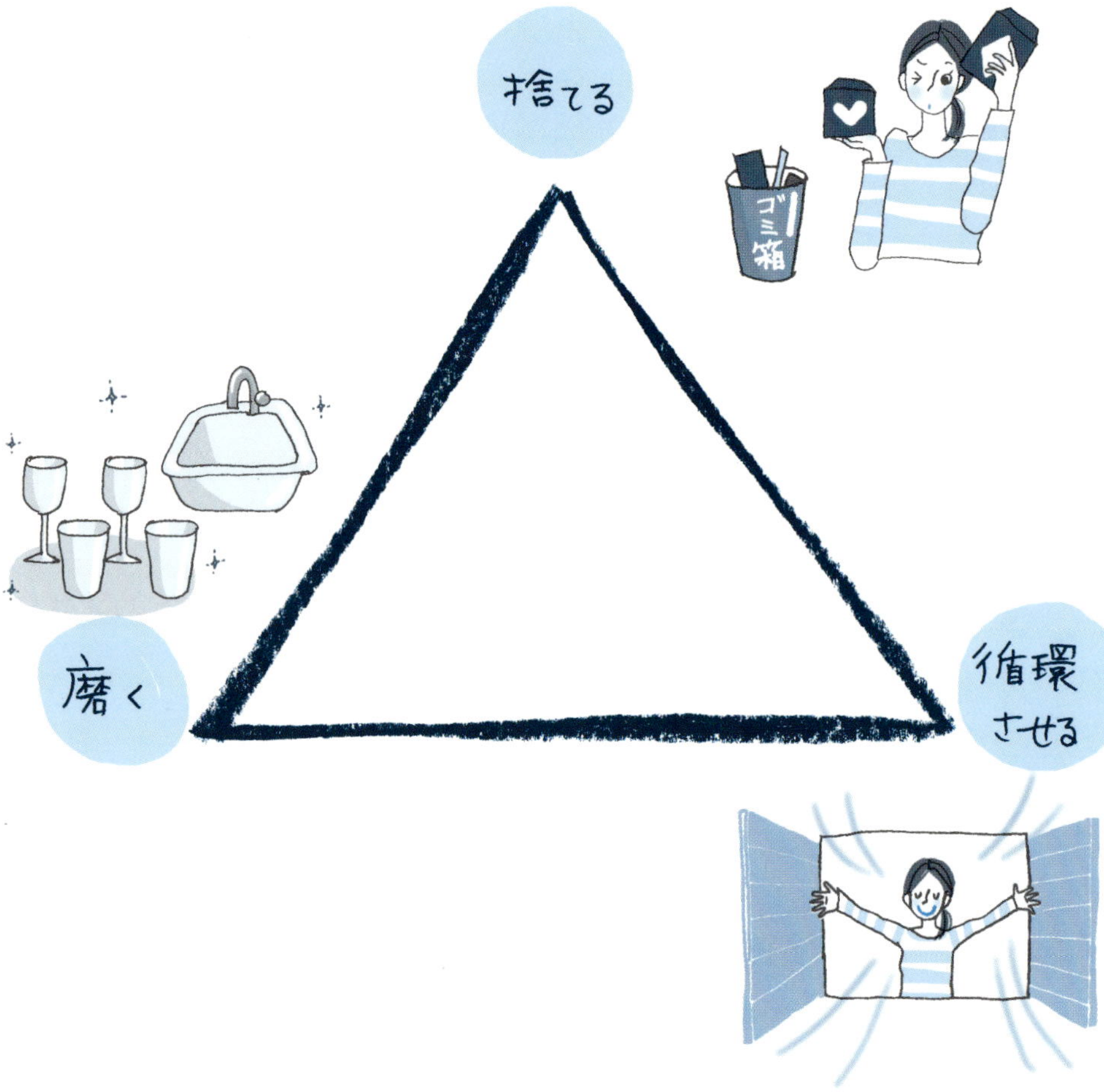

強く、自分を100パーセント受け入れてほしいという欲求が強い傾向にあります。そんな心のクセを持つ人は、いつも理想の相手を求めて外出がち。部屋に愛着がなく、片づけがおろそかになりがちです。

こだわりをゆるめて相手を受け入れ、ありのままの自分をさらけ出せるようにする勇気を持ってみましょう。そのためにおすすめなのがトイレと浴室の掃除。掃除に抵抗感があるトイレをピカピカにして好きになることで、強すぎる〝我〟が穏やかになり、望んだことが巡《めぐ》ってくるようになります。また、**浴室は心身を浄化する場所**なので、きれいにすると心もオープンになります。

どの部屋も、片づけるときのポイントは、自分の理想に当てはめていくのではなく、**自分が幸せになれる部屋をイメージする**こと。そうすることで、いい運を呼び寄せやすくなります。

また、空気を循環させることも重要。窓を開けて換気し、流れをつくることで、何かが滞《とどこお》ったと感じるときにも、突破口を見出《みいだ》すきっかけを見つけることができるでしょう。

片づけを習慣化させるコツは21日間継続すること！

新しいことを始めるには、なかなかの「勇気」と「努力」がいるものです。いきなり大きな目標を立てて「やるぞ！」と意気込んでみても、毎日の忙しさや体調などにも押されてしまい「ま、いっか……」と後回しにしてしまったり、目をつぶってしまったり。よほどの強い意志がない限り、挫折をしてしまいがちです。

そこで、まずは「絶対にやり続けるぞ！」と考えるのではなく、**期間を決めて、確実にやれることを目標にしてみましょう。**その期間の目安として、効果的なのが「21日間」です。

なぜこの21日間がオススメなのかというと、人間の体内のサイクルが整うまでにこれだけの期間が必要といわれているから。人間のシステム的に、この期間続けることで〝定着しやすい〟、つまり〝習慣化しやすい〟というわけです。

たとえば、仕事で忙しくていつも玄関に脱ぎ散らかした靴が散乱していた人は、まずは「靴をそろえることだけを始めよう」と、毎晩帰宅時に靴をそろえてみることにしました。すると、3週間が過ぎた頃にはそれが当たり前の習慣になっていて、気づけば不思議と心に落ち着きが出るようになり、相手のペースにも飲まれないようになっていました。

またある人は、自分の能力のなさが不安で、集中力を高めるための本をたくさん買いあさっていました。その人はまず、「本と本棚の整理」をしてみることに。すると、毎日少しずつ整理するうちに、同じ本が2冊あったり、似たような本ばかりだったことに気づき、3週間が経ったときには、本の量が3分の1ほどに減って、本棚をスッキリさせることができたそうです。

この「21日間」という期間には、長すぎず、かといって短すぎることもなく、**やるという気持ちが持続しやすいメリットがあります。**その期間に「できた！」と成果を実感できると、楽しみながら続けることができるでしょう。

あなたは、あなたが思っている以上に、たくさんの魅力や才能、可能性に満ち溢れています。それらをぜひ、「部屋ともう一度向き合い、片づける」ことで、再確認したり、新しく発見してもらえればいいなと思います。

人生が変わる！片づけ＆掃除術

部屋は自分の心を映す鏡でした。

著者：伊藤勇司

出版社：日本文芸社／定価：1,200円（税別）

「部屋と心の悩みはつながっている」という発想で、悩み別に片づける場所を具体的に提示、その場所を片づけることで心の悩みも改善していくという独自の「片づけ術」を紹介。チェックポイントが整理されていて、片づけ方法も具体的で分かりやすい1冊。

ポイント

- 部屋の状態は心の問題を映し出す。なぜその状態なのか内面を知る
- 部屋は自分を待っていてくれるかけがえのない場所
- 部屋と〝出会い直す〟ことでチャンスを掴めるようになる

＊金運アップのための片づけ実践ミーティング③

掃除が苦手でもできる引き寄せ方法は？

A絵　私みたいに、成果があるか不安だし、片づけが苦手という人は、どうしたら金運が引き寄せられるんでしょうか。

C代　片づけたことでいいことがあった！　っていう実感がほしいなら、メモをとっていくのはどう？　まず掃除した場所と日付を書いておく。その後にもし少しでも「いいことあった」って思えるできごとが起こったら、それを書き留める。そうすると、「ここを掃除したから、こんなことが起きた」って思えるようになるでしょ？　私はカレンダーに書いているから、それが何日後に起きたのかもわかりやすいよ。

B奈　それ、いいですね。気づいたらすぐ書けるよう、手帳にしてもいいかも。どんな形で引き寄せが起こるかわからないから、いいことをキャッチする練習にもなりそう。「気持ちよく目覚めた！」とか、「ベランダのお花が咲いた」とか。どんなことでも「小さなよかった」を書いていくと、手帳やカレンダーが「よかったこと」でいっぱいになる。多くの先生がいってるけど、「小さな幸せを見つけて感じることが大切」だもんね。

A絵　ほんとだ。そうなったら、楽しくなりそうですね。ただ、悪いことを見つけるのは得意だけど、よかったって思えることを見つけられる自信がないかも。

B菜　「見つける練習」だと思えばいいんじゃないかな。それがストレスになっても本末転倒だし。「あ、いいかも」って思ったら、「私がそれを受け取ってもいいんだ」って、自分に自信をつける練習にもなるし。

C代　ほかにも、何人かの先生がいっている「お金持ちの行動をマネするといい」っていう方法はどうかな。お金持ちは、ものに〝愛着〟はあるけど〝執着〟はないんだって。お気に入りだけをもっていて、必要ないものは捨てていくんだよね。ご近所にセレブな奥さまがいるんだけど、その人のお家は、玄関やお庭をしょっちゅうリフォームしたりしていて、いつも素敵なの。その人を見るたびに、

参加者

A絵

引き寄せ初心者。何ごとにも慎重でお世話好き。でも何かあると、すぐにネガティブになるタイプ。

B奈

引き寄せ歴2年。ポジティブで楽観的。「ま、いっか」が得意で、好奇心あふれる行動タイプ。

C代

引き寄せ歴10年のベテラン。風水も試していて経験豊富。冷静で責任感の強いしっかり者タイプ。

やっぱり空間って大事だなぁと思うよ。

B菜　たくさんの人を迎え入れる、カフェやレストランも、心地いいって思える場所になってるよね。それって、人の波長と空間の波長が合っているからじゃないかな。どんな場所でも、自分にとって「これが心地いい」という空間であれば、その感情がいい運気が流れていくことにつながるんだと思うよ。

C代　いつか自分の部屋がパワースポットのようになったらいいなって思ってるよ。部屋が自分にエネルギーをくれる場所になったら、それってすごくない？

A絵　そうなったらいいなとは思うけど、ちょっとハードル高いなぁ。

B奈　あんまり深く考えなくていいよ。自分にとって心地よければ、それでいいんだから。ちょっとイヤだなって、気になっているところの掃除や片づけをしてみるだけで、ストレスが消えて、心も部屋もクリアになるかも。すると、金運や幸運を呼び込みやすくなるよ。

C代　それと、〝とりあえずBOX〟を置くのもおすすめ。どこに片づけるか悩んだり、すぐに片づけられないときに、〝とりあえず〟入れておく場所をつくっておけば、「今すぐやらなきゃ」って思うプレッシャーから解放されるよ。

B奈　部屋っていう大きな空間の片づけから始めるのはハードルが高ければ、はづき先生のいうように、まず財布やカバンのような小さいスペースの中身からやってみるのも一つの方法だよね。

A絵　なるほど。どんな小さなことからでも、始めることが大切ですよね。

C代　そうだよ！　どんなに小さいことでも、やってみてできた！　って思うことが大事なんだから。

B菜　心屋先生の本にあったけど、案外自分が「できない」って決めつけてるだけかもしれないよ。「えい！」ってやってみたら、意外と簡単だったりして。

A絵　本当にそうですね。自分ができることからやってみます。まずは心の掃除と、ラッキーを見つける練習をしますね。

編集・構成・DTP　クリエイティブ・スイート
執筆　古田由美子／長尾ようこ／和田典子／青木美加子
イラスト　すぎやまえみこ／杉本安希／おちまきこ
本文デザイン　小河原德（c-s）
装丁　村口敬太（STUDIO DUNK）
装画　KINUE

なぜかお金を引き寄せる人の「掃除と片づけ」

2018年1月5日　第1版第1刷発行

編　　者　ＰＨＰ研究所
発 行 者　後藤淳一
発 行 所　株式会社ＰＨＰ研究所
東京本部　〒135-8137　江東区豊洲5-6-52
ＣＶＳ制作部　☎03-3520-9658（編集）
普及部　☎03-3520-9630（販売）
京都本部　〒601-8411　京都市南区西九条北ノ内町11
PHP INTERFACE　https://www.php.co.jp/
印 刷 所
製 本 所　図書印刷株式会社

ISBN978-4-569-83750-5